For Dad, Mom, Vee 及所有我的 Patreon 支持者。

電影萬歲

SC A ▶▶

畢明 

序一

香港這幾年失去很多重要的東西，其中之一，就是睿智、勇敢和幽默的文筆。

畢明啊畢明，少了你的文章，香港就像少了精彩的一筆，如今能在書上再細味，我一定會買來珍藏，就像珍藏香港美好的年代。

莊梅岩

編劇

序二

觀影多年，總有個起點。當年的私人教材，是畢明的影評集《電影未死～101 套好好戲》加百老匯電影中心點睛推介 VCD。一部電影配一篇影評對照着看，篇篇有所得。

我們都想遇上好電影，更想遇上個好嚮導。有些好作品難免克制隱晦，閱歷稍淺，看得雲裏霧裏，跌入迷宮，幾個輾轉難眠夜，終於忍不住，爬起床，偷看畢明寫的「答案」，每一次都是一堂電影鑑賞課。

其實是 ways of seeing。評論倒是其次，教你看對方法才是真意。想必也有不少人像我當年那樣，讀了畢明的影評，開了眼界，從此栽進電影裏。

好的影評會附帶刺痛感。她就是出了名的一針見血，正中痛處，但最後你能感受到她的善意，她的鞭策，大導演、新導演都一視同仁。在這個充斥着不痛不癢外交式影評的年代，她還是那樣犀利、獨行、當頭棒喝，可能她信奉 true critics stab you in the front。

這也是為甚麼，像我們這一代新導演，初試啼聲，無論如何都會先想到畢明，讓她看一看，因為信她的真心，信她的判斷與品味。

那麼畢氏影評究竟是如何煉成的？

單論看電影，她年均 300 出頭的看片量，已沒有多少人做到。而字裏行間不難看出，電影以外，她勤讀書，懂生活，去旅行兩大重點：博物館和菜市場，早上看完展覽，晚上煮兩味，當然還有酒。凡事玩得精，已是她的招牌。

她總是保持高密度高能量，同時注重保鮮，每一篇讀來都有新意。論調理文字，更是只此一家，尖酸、趣致、拼貼、重組，只要趣味對，她就用。那些信手拈來的經典字句，其實是入了血的修養。從來沒有看過的詞句組合，在她手上竟能煮成一手好菜。

引頸多年，畢明終於出新書，書架上的那本《電影未死～101套好好戲》，也終於有了下集。

賈勝楓
《流水落花》導演

自序

本來不打算寫序，但看見杜汶澤寫「以前當影評是收稿費賺錢的，現在的人卻花錢買票去當 or 去裝影評、電影專家、戲劇教授，莫名其妙」，反而想寫了。

是的，莫名其妙的人真多。我是以前的人，現在寫影評，當然也收稿費賺錢的。花了時間，水準專業，連最低工資也不拿，是自我剝削，也是工業集體自殺。如果香港還有這個工業的話，還是已經沒有了？

人生第一篇影評是在加拿大寫、刊登在加拿大雜誌，那時我還在讀大學。在香港，第一篇影評刊登於《經濟日報》，寫黃子華主演的《沙甸魚殺人事件》，自己冷投稿，被採用了。意想不到、無心插柳地，這影評展開了我迄今長達 30 年的影評、以至專欄生涯。

這篇之後，《電影雙周刊》立即向《經濟日報》找我，想我也為他們寫影評，緊接就是《明報周刊》，之後還有《新假期》、

《星島日報》、《壹本便利》、《飲食男女》，《CUP》、《U Magazine》等等都找我寫影評。單是影評，同時已有 6、7 個框框在身；還先後在《香港電台》及《新城電台》主持節目，講電影、次文化。然後才有其他的副刊、廣告、非影評專欄。肯定說句，沒有於《經濟日報》投稿，一定沒有以後的畢明。就連筆名本身，我也沒想過後來會成為我的代名詞。

那是 1994 年，至執筆的今日，整整 30 年前了。

有朋友曾笑說：「你簡直是 The 影評人」。但在香港，作為影評人，所謂紅、或者好，都是無用的。幾年前，更可以一切歸零。

歸零之前，我已經自己減產，不寫那麼多了，這門工夫，到底是一人前，太多分店很易拉低平均水平，我不要。

2003 年，沙士，如果從加拿大出道開始起計，影評生涯剛好 10 周年，自資出了第一本影評結集《電影未死～101 套好好戲》，請得那時百老匯電影中心的總監、好友麥聖希為我編輯，至今還回味並肩作戰的那場美好的仗，書也賣光斷市了。謝謝 Kubrick 出版。

之後便一直沒有再把影評結集成書，多謝呂嘉俊，才有了這兩本我半生的階段性總結。

於我，電影是學習、欣賞、也經歷人生，解剖人性，解構歷史，包括黑色的陰暗部分。發揮想像，可能性是無限，發功擁抱，光輝慈悲也功德無量。在電影世界裏，故事如真，情感深邃，令人悸動經年，回溯細味幾多次仍可風露立中宵，白髮出多幾條。影評人的角色是一門藝術，也是一門科學，我慶幸這兩本影評集能面世，讓 30 年來在黑暗影院中度過的時光，好像種出了一片小樹林。

幾十年來，我從不敢停止用功，多看不同電影，到世界看更多香港沒有發行、不能上映的，也看舞台劇，去發現、反思不同戲劇、不同演員的演技；堅持看更多的舊片，在影海無涯中保持謙卑。影評不僅評價電影的技術層面，它關乎敘事、角色、故事的佈局和情感的聯繫，關乎好好認識我們觀看電影的時代文化和社會背景，理解它們對生活、生命的影響，更是某種自我人格尋索和完成。我喜歡它的時代性、衝擊性和啟發性。

從賣座大片到獨立佳作，從經典名片到當代傑作，每篇評論都是電影力量的見證，包括了電影挑戰和娛樂我們的能力。這兩本影評集是我另一次、共 20 年對電影的熱愛和執著，希望能為你看過的電影提供新的欣賞角度，未看過的則成為新發現加入觀影清單。

多謝香港的電影發行前輩及朋友，沒有你們的觸覺及眼光，購入許多電影的發行權，香港影迷如我沒有那麼多好電影看。排名不分先後亦相信會有遺漏，多謝安樂的 Audrey Lee 李玉蘭、泛亞（後來高先）的 Winnie Tsang、洲立的黎姑娘、Nan Wong、還有舒琪、後來的 Esther Yeung、Gary Mak 等等等等。多謝這些年來，不同電影公司的公關人員：Tessa、Fiona、Ling、Ching、Venus、 Stephanie、Vivian、Cherry、June、Ponnie、Maria、Jane、Gees、Elly、Eddy、Adrian、Meko、Vivi、Kayan、Ray 等等等等。

謝謝最初識貨讓我正式成為影評人的各媒體、電台文化電影版負責人：Brenda、勞敏聲、Norris、三三、Patsy、甘國亮。

多謝一問即答應替我寫序的好朋友 Winnie Tsang、文念中、莊梅岩和賈勝楓。

最後多謝電影教我的所有東西，包括非經典、小眾、不起眼電影，我都執到好嘢受用。大概沒人會知道這句對白的出處，“Love is messy. It’s illogical, it’s wasteful and it’s messy. And it leaves these loose threads that go out all over the place”，參透了愛情。（猜到是哪套電影嗎？）

《400 擊》和《狗臉的歲月》，教我成長的陣痛和悸動。

《Citizen Kane》是地表最強人生導師，用東征西討風雲一生作鬼故，教我不懂珍惜的代價叫後悔莫及，生命的目標不是物質野心成就權力名氣，是快樂。

小林正樹的《切腹》，挑戰日本的國家核心價值觀，首先原來可以如此挑機深刻反諷，其次是暴露建制的卑鄙和貧窮的荒寒，見血封喉。

《Before Sunrise / Sunset / Midnight》系列是愛情、散聚、婚姻的奏鳴曲。

丹麥電影《Silent Heart》用最深的溫柔和最寬容的文明，尊重人性和七情，思考安樂死的慈悲。

寇比力克，噢，寇比力克就是電影萬歲，影迷受用的萬佛朝宗。

Just to name a few。

最後，多謝電影和愛上電影的我自己，還有喜歡看我影評的每一位讀者，是你們讓我堅持就算電影言之無物，影評也要言之有物，是你們讓我虔誠地寫下去。

2024 年 12 月

畢明

03 紀錄魂

04 歷屆奧斯卡神婆預測

01 戲論戲

＊《汪汪夢裡》*Robot Dreams*, 2023

01 什麼是好電影

✳

首先，你要有角色。

不是所有電影都有的嗎？很多有，其實等於冇。

所有菜式都有主食材，是否就會好吃？如果它面目模糊口淡淡、公式例牌無生命跡象呢？像紙皮、如塑膠的肉，像廢料、喪屍的蔬菜，你一定遇過。

常識都知，character and plot。更準確要知道 plot is character。

得角色得天下。角色有性格 / 特色、肌理、層次，讓觀眾願意投入、想跟隨，知道關於他 / 她的故事，會發生什麼事。能引人入勝，就是成功。要記住，很多年之後，很多人未必記得情節，但會記得角色。如 Mark 哥、如花、十二少、韋小寶、何寶榮、黎耀輝。有角色，就有戲。

我們看看《Detachment》這位代課老師，首先，他是非一般老師。劇本給他怎麼的表現？行為表現，就是性格，行為，比對白重要。身體很誠實。

他一進課室，就說了他的 Rule 1：唔想上堂唔好嚟。課堂唯一的守則。

叫人不想就不必上堂，更直接叫學生離開。趕走學生是他的行為。

似在告訴你：他不在乎。這流氓老師有點反常，又很有態度，你很想看下去。

他出的作文題：（假設）你死了，葬禮上親友會如何說你呢？

也是不正常題目，但這題目令學生反省自己，反省別人怎麼看你。不在乎的老師，求其出一條人畜無害的問題好了。他是在乎的，比誰都在乎。

這一課，老師一次搞掂了兩個學生，立了威，也立了恩，在憤怒的學生面前定過抬油說：我都憤怒過。你就會想，他為什麼憤怒過？是什麼令他要扮作滿不在乎？

他有型，仲要有智慧，跟學生 Meredith 說「Most people lack self-awareness」，這些人永遠會繼續出現。

是什麼煉成 Mr. Barthes 的？他背着什麼十字架？他需要什麼救贖？很想知吧。

約 3 分半鐘，做到那麼多，那麼準，如此水準。就是好。

行為說了故事。暗示背後有故事，將會有故事。

關於宮崎駿的紀錄片，紀錄了他和兒子宮崎吾朗的（創作）關係，動畫大師對着鏡頭說着恨鐵不成鋼的狠話，「我覺得他不行」，「他根本沒明白」，「想做和能做是兩碼事」，認為兒子無才，說 「那種沒有靈魂的畫，畫再多都沒有用！」他畫了角色，但角色太 flat，行為也無個性。即是也沒有故事。

宮崎駿主動提出幫兒子作改動，最有名便是把女主角的走路姿勢改變，讓她身子 default 是向前傾，很趕時間的，和之前一碌木的人一個截然不同，於是一個每天都要照顧千頭萬緒的人物，便躍然紙上了。

行為 → 性格 → 角色。Action 就是 character。

02 港產片要反服貿

＊

香港電影當然有問題。這不用一個電影金像獎來說明，也不必內地影評人以什麼「一枝獨秀不是春」，以王家衛的「A Bag of Jones」榮獲 12 個電影金像獎來似是而非的辯證。

不是內不內地影評人的關係，是邏輯錯亂思路千瘡的問題，就算寫的是香港著名「影評人」、「電影人」一樣無從苟同，丁蟹從來氣壯卻無知於自己的不理直。

因為「一片獨大」，所以代表「盡顯荒蕪」，所以『道出了香港電影金像獎「選無可選」的尷尬』？《一代宗師》不是王家衛最優異之作，但獎項絕不是因為冇對手自動當選而執到的。由藝術水平到言之有物，由技術到內涵，它都是高超的，鼎盛的，華麗的，可以嫌它賣弄不能否定它的價值，正如可以頂不住台下的「國際章」不可掃走台上宮二的念念不忘必有迴響。一片獨大奧斯卡時有發生，遠一點《一百萬零一夜》得八項奧斯卡，《星光夢裏人》奪五項大獎，更遠一點《賓墟》一片獨攬 11 個奧斯卡小金人。有本事的話獨大而不被河蟹就叫公平，百花齊放裏可以一枝獨秀，也是一種自由民主。

雖然理據有誤，但「選無可選的尷尬」確實存在於香港電影金像獎。我每年都興致勃勃的預測奧斯卡，卻從不寫香港電影金像獎，一因為自己是評審也認識不少評審，二因為太易估中，有杜琪峰和王家衛的話就橫掃也是事實。像陳果的《紅 Van》所言，「大家是時候停一停，面對我們見到的現實。」但電影工業已經沒有「再假裝說一切正常」。

舒琪導演說過「所謂香港電影的高低潮不是一兩部電影可以決定的」。不必因為一部《桃姐》亢奮，不能因為一次《打擂台》激動，還魂和谷底回升時間還早，還魂和回升是當你看見港片開始再次成為大潮流。

港產片的問題不是技術上如何定義「港產片」，國際班底和合拍成份可以無損港片性；「要害」也不是產量少，不是只懂懷舊，是失去個性。失去自我因為大氣候，審查與自我審查的被閹自閹不待言，今時今日許鞍華拍得成《千言萬語》？「要害」，更是從興旺到低潮這許多年裏，電影工業沒有建立過制度、文化，政府也沒把電影當作藝術、文化一樣，有多項促進輔助的政策。南韓電影的成功政府絕對是大推手，台灣政府起碼視電影為藝術，民眾看不懂侯孝賢也不會去貶低謾罵。

「要害」是培養。奧斯卡或三大影展康城、柏林、威尼斯，表揚什麼影片都在指導、培養。每種競逐都有它的不足，但尊重歷史、尊重真相、尊重人性是基礎湯底，那些中國第五代導演張藝謀陳凱歌都是在影展發跡的，現在去了哪裏？你一拍《英雄》歌頌極權的秦始皇「建長城，護國護民」，人家即睬你都傻。培養觀眾的「品」，是要懂得辨別好壞真偽，而不是純粹趕潮流盲追捧。香港的電影發行商就有培養觀眾了，由安樂、「多謝 Golden Scene」到驕陽電影等等，他們都不一味商業萬歲，有時明知有蝕本風險也引入另類電影投資《狂舞派》，才令我們有《字裡人間》和《Her》等佳作可看。討厭的 TVB 就培養了一批爛觀眾。讓一部分人先富起來之後，該令一部分人先文明起來，一部分人有品起來。合拍片的攞膽是它們很多都虛假虛偽，假到作嘔。藝術是求真，商品也該老實，有時兩樣全無。香港電影的陣地不是「守無可守」，是要開始參考反服貿。

最後，如果「一片獨大」意味「盡顯荒蕪」、「選無可選」、「不是春」，那麼 XX 獨大呢？

03 就等一陣龍捲風

✳

票房過億，我也看了《九龍城寨》，比想像中好看。

現在社交媒體的言論、吹捧、輿論，已大規模被有心播弄，全不可信。帶風向或過度感情用事、或被風向帶走了而不自知的人太多太多，連參考價值都可說沒有。唯有自己眼看才真。

帶着懷疑和保留入場，心想不知要篩去多少「篤讚」水份，《九》片的真正水平卻比我想像中好。我不認為它有極度亢奮的人說得那麼好，但我明白他們為何狂愛。說穿了，四個字：身份認同。

當你正處於前所未有的身份危機，有人給你一個安全確切的空間，集體把彼此褪色了的身份從頭再認，如沙漠中看見水，那久別重逢呼吸到空氣，只需交換一個眼神，無聲有淚。

只屬於香港的九龍城寨，地球上只此一寨，它的存在是國際文化，即使如巴比倫已歿，只餘遺址，亦再無人可以抹走它的存在，進入戲院，它就重現，你會得到：身份、歷史、情懷。

懷舊是浪漫的，要懷香港城市景觀的舊，配合這一代觀眾的心情：樓價插水、股市縮水、移民散水，「恐怕這個璀璨都市光輝到此」，質感上視覺上，需要一種腐敗的浪漫，城寨正好散發濃烈的 dystopia 況味，我們不 J 未來，J 過去。曾經擁有的好。獅子山下有點膠。

洋人有《Sin City》，我們有《九龍城寨》，三教九流到盡頭便是獵奇，頹亂到盡頭便是型格，唧魚蛋、叉燒飯、盂蘭節，盡是另類民情美學的格調。重建這個舊城，是賣點，也是 production value。在破落凌亂、殘街陋巷、黃賭毒黑，錯綜複雜的國度，有人爛命一條掙扎求存，有人橫行霸道偷呃拐騙，有人渣道友暗角上電，有平民百姓燈火炊煙，也有沉穩強人亂世中，盡力守護。Sin City 只有罪惡，城寨之中還有情義。

古天樂演的龍捲風，令城寨亂中有序，無政府中的權力核心，平衡各方勢力利益，為孤城遺民帶來安寧溫暖，有善良需要的強大和執行力。（雖然大限將至）

故事劇情很簡單，報仇、情義，打打打打打，打打打打打，兩代之間，幾幫人之間，身份之外，命題還有找數、傳承和原諒。

陳洛軍，偷渡來香港，走投無路，入城寨避難的人，孤城孤兒，靠自己，頑固地、千辛萬苦要為自己買一張香港身份證。香港，從來就結聚四方八面避難來的移民，在借來的時間借來的地方，卻找到原因風箏希望落地生根。龍捲風教訓過他，趕走過他，但還是選擇給機會他。從此有瓦遮頭、有叉燒飯、有街坊、有朋友，外面的世界再大，城寨已是他一生未遇的天堂。（吊詭是他本來就是香港出生的，本身就是香港人。）

陳洛軍恰巧，又是歷史遺留下的問題，一筆未清的帳。

他父親，是城寨一方霸主的頭馬陳占（郭富城），殺人無數，冷血殺害過狄秋（任賢齊）妻女，陳占死了狄秋矢志追殺其妻兒報仇。說傳承，血源的野蠻，是你先天無辜地繼承了一堆債，等債主回歸，你找數。諷刺是，說血源說深仇，與父親素未謀面，洛軍一出生陳占便死了，未領受過父親一分的好，他當親父是陌生人，反而殺父仇人龍捲風對他有恩，親生老竇都俾唔到，這個下一代，拒絕盲承繼上一代的仇。他的選擇和理智，顧全恩義，比起為了報仇，兄弟龍捲風都要斬殺，大局自身安危都不理的老海鮮狄秋，處事世故清醒，盡見進步意義。對於入城寨的人，冇內涵的先天血濃於水行開啲，那及後天給你關愛扶持、路邊兄弟的生死相許。

是小說改篇，是漫畫改篇，自然是打鬥連場，是有點多，但好看，港式動作片的上乘示範，未算突破，但精準俐落，緊張刺激，作為官能味精，由短兵相接，到飛簷飛車，拳腳與威也的平衡，都非常惹味。

王九（伍允龍）搶 Fo、林峰洗底成熟、四仔打得好看、劉俊謙的信一有點 overrated、古天樂是古天樂，郭富城越來越有味道了。任賢齊就……

城寨四少：陳洛軍、信一、十二少、四仔的情，建立得好看紮實，一齊打賤人、打麻雀、打魔頭大佬，齊上齊落。被潰敗過，捲土重來，再打過，智取力敵，不因為一個地方，因為裏面的人。

在孤城，有人引狼入室自毀長城，也有人重情重義大氣傳承。全人類救救小洛軍，從歷史和身份脈絡，盡在說：放過下一代。格外痛快是，有勇有謀有情有義的下一代，你不放過他，他會長大、自強、回來接棒守護，就等一陣龍捲風。

04 幻愛、叔叔、金都／有這麼好看嗎？

✳

遍地都是恐懼，還有危機。是事實。

至少恐懼失去自己，有身份危機。大家很怕失去的，是自己好撚鍾意的香港和香港人身份。

記憶中，這種大規模的恐懼，發生過兩次。一次是臨近 97，大限將至，前途不可知，身體很誠實的移民潮之外，空氣中充斥「不在乎天長地久」的末世浪漫。一次是近年、及至現在每一天，好像一切本土、港式都是錯，連存在都不容許，要被奪去及消滅。

97 時的怕，不含一種 clear and present danger；現在的恐懼，

有排山倒海的切身不安全性。

因為怕失去，所以「愛過饑」。包括香港電影。

好食是良知？那麼，好看是良知呢？木村拓哉的《Grand Maison Tokyo》有一重點很少人拿出來談論，就是有時不論你多有心多努力，廚藝上限都可以停留在平庸。有心，從不直接兌換水平。

南韓電影教母 Miky Lee，在《上流寄生族》拿下奧斯卡最佳電影時致詞說，多謝南韓觀眾的誠實和鞭策，有什麼不好都直說讓他們進步，沒有姑息養劣。

香港觀眾呢？近年對香港電影之溺愛，嚴重出現「愛過饑」水份現象，是感情用事保育過度，是水平有限盲捧濫愛，還是只能在同溫層亡命發酵自 hi 再自 hi 失去判斷？

原本我以為，批評一些電影、指出不足，不代表不支持。現在，好像不盲撐，已是罪大惡極。當年《狂舞派》初出，我讚完已有人說讚過頭了。很好，不要緊。我的讚，提出了角度和論點，卻歡迎有質素的不同看法，而非賀爾蒙式讚彈。聽說有什麼觀眾便值得什麼電影。

我好 L 鍾意「高登先」，應該是街知巷聞的，但高先三寶《幻愛》、《叔叔》、《金都》，有那麼好嗎？

個人認為此三作品，《幻愛》最好、《叔叔》次之、《金都》最末。《幻愛》我誠心推薦，《叔叔》看個人口味，《金都》嘛，不看沒損失。但《幻愛》遠不是 instant classic。

「有那麼好嗎？」是問那些把上述每一部戲都高舉至 instant classic 高度的群情，總之凡港產片，因為難、因為製作凋零，便不成比例地把 D 說成 B，C 說成 A，B- 更是驚世傑作。日出日落不倦的評了電影超過二十年，我比誰都想香港有 instant classic，像當年看見《旺角卡門》、《鎗火》、《香港製造》、《衝鋒隊：怒火街頭》或者《女人四十》的興奮一樣。（未成名可以有 instant classic，成大師都可以 instant PK）

《幻愛》，製作水平是高先三寶之中最高的。攝影和運鏡、美術、配樂和演員都具水準，是整體性的優異。把屯門拍出電影感，俊男美女兩位年輕演員也是演出自然可信，尤其劉俊謙，一些細微的內心掙扎和少少 mama's boy 的單純脆弱，都沒有過火的用力。

愛情，本來就是個精神病，每個墜入愛河的人，都一定有超現實的幻想或投射，是程度問題。究竟我們是頭下腳上的 fall in love with love，fall in love with（幻想中的）對方，還是真實的對方，永遠是個謎。開戲難，關顧一下弱勢社群，有意義的題材便容易少少，沒有消費他們和濫情也無不可。但劇情發展至中後段開始力弱和拖滯頗明顯。

兩個人，男的精不精神病都好，女的人不人盡可夫都好，每次愛情都是一次接受自己、接受對方的試煉，嫌自己嫌別人的考驗。生於世上，誰不是 broken / damaged goods，有各式創傷及後遺，容許自己被愛，敢去放一個人進入自己的世界，是彼此的普渡，幻愛的真義。

《叔叔》呢，淡淡的，有點情味，但非感人至深，至少不感動我。它運鏡單調，一首《微風細雨》連播三次又長又重複，刻意得令人不耐煩。看完之後我立刻找可能是全港最出名的基佬交流觀後感，看看是我進入不了那暮年 hehe 的情感世界，還是電影真的不如坊間說的傑出？我們的結論是，作品很值得尊重，有些細膩的地方，難得拍了個少人問津的「老 hehe」題材，但不算精彩。家常菜也可以精彩，它不。

說掙扎、世俗、十字架，太保的角色，從一開始便只想繼續尋求肉體關係，袁富華初遇他時，已希望先建立一點感情，太保即時免了，他不像對方想要同性伴侶度餘生。幾十年在「襟忽鬆」的人沒想過改變，沒想過勇敢忠於自己，於是也不需要面對自己「不誠實使用婚姻」、和親情。可惜，世界還不完美，出櫃仍然 messy，但你至少相對有空間誠實，他沒有。選擇了舒適圈的安逸，便沒有斷背山般深痛，他沒有一個 urge 去變，袁富華是他生命的插曲和一次渡假，像有小三的男人，又不想離婚又要做好爸爸。他衣櫃中的破衣，有念舊，也充滿自私。對於他，有的是同情，沒太多歎息。

《金都》，故事已經單薄，朱栢康的演出用錯力得叫人難受，鄧麗欣一個救全家。這個演員完全成熟了。

05 金手指定白手套？

✳

看罷《金手指》散場後的第一個感覺，是如果梁朝偉是以這種表現寫下他的履歷，相信他不會拿到終身成就獎。

第二個想法是，如果《富都青年》的吳慷仁能保持他在影片中的水準演下去，接拍電影的眼光和運氣不太差的話，終身成就獎指日可待。（隱藏的第三個想法，其實是吳慷仁一定能做到《金手指》中的梁朝偉，但梁朝偉能否達到《富都青年》的吳慷仁呢？）

更直接的說，《金手指》中的程一言，除了硬誇張之外，角色毫無肌理，堪稱無戲可演，浮誇也可以深沉的，一個香港金融老千界傳奇人物，寫得如此平面，實在可惜。三個程一言加起來都遠遠及不上一個《大時代》的陳萬賢，或者《創世紀》的霍景良。也就是說，就算梁朝偉功力再深厚，厲害的高射炮放柴房用來打蟻，火力再強何用。

誰都知道導演看過《華爾街狼人》(及《教父》)的了，但說到財大氣粗暴發揮霍，其創意和賤格相差九班，而且一個生意失敗的人，由人生谷底到虛幻財富氾濫，氣質談吐作風竟然沒有太明顯的前後變化，也是刻劃 character arc 粗糙的失敗。

片中人物無一令人印象深刻，女主角連存在感都近乎模糊，只有比較好的演員，在一眾陳腔濫調之中，以紮實表現顯得份外吸引，就是太保和吳浩康，希望吳浩康會繼續多些演出機會；連白只都那麼助攻乏力，更遑論那堆英皇群星匯了。

沒有佈局，沒有拆局，沒有雙雄鬥智，沒有兩大主角對照角力，或相反相成，如此片長，一味靠湊湊拼拼湊湊拼拼，拼湊出來又不見氣勢風景，實在有點納悶。如此資源，史料資料豐富，佳寧案拍出來竟然及不上翁靜晶的 YouTube Channel 把故事講得引人入勝，更加納悶。導演似乎拿不準到底想拍那一種類型，落得有時故作黑色幽默，有時又想走人物傳記劇情路線，結果兩不像。

我懷疑梁朝偉看過劇本之後，已經知道自己怎麼出力，電影也是不可能好看到那裏，倒不如自動導航，省得浪費心機。

如無意外，本片應該會獲得很多的金像獎提名，甚至乎會贏得不少獎項，譬如最佳男主角啦⋯⋯又想起剛過不久的台灣金馬獎，不免唏噓。從另外一個角度看，不少人還是興高采烈說梁朝偉如何出色，如何精彩絕倫，香港人真是貪慕名牌；亦有人說，電影不怎樣不重要，總之有梁朝偉就盲撐，不正說明了演員真的比劇本重要。劇本再不濟，不介意的。什麼樣的觀眾，造成什麼樣的市場，發展出一個什麼樣的電影工業。

如果你是影痴，真心推介《大叔夢中人》，絕對是劃時代創意恐怖片，說虛擬空間不可理喻的虛榮和欺凌，警世荒誕諷刺命中眉心，有深意更值得深思。男主角 Nicolas Cage 的表現，是生涯代表作之一。什麼叫演技？大開大合的誇張算什麼難度，一味下味精加辣粉就叫好味嗎？然後我開始想像如果梁朝偉演這個地中海大叔會如何。

06 七人樂隊兩個冠軍

✳

《七人樂隊》是在香港國際電影節看的。這由杜琪峰發起的project，找來洪金寶、徐克、許鞍華、譚家明、袁和平、林嶺東等連同他自己共七人，以香港為背景，1950年代作起點，各拍一個長十多分鐘的香港故事，向菲林及舊日子致敬。

作為一件事，《七人樂隊》是monumental的；作為一部電影，則因七個作品水準太參差，實未能有同樣評價，令人糾結。

無可避免，七個故事有長短，有比較就有傷害，看畢一定會問自己或朋友，最喜歡哪一個。由於分野太明顯，除非品味比較獨特，或有私人感情特別加分，相信大部分觀眾的喜惡排序也必然如下。

首 1、2 位，很難不是杜琪峰和徐克、或者雙冠軍。

杜琪峰的《遍地黃金》，完全體現何謂出色的短篇：簡、精、趣。一個題旨，命中香港人的拜金、搵快錢、咪執輸 DNA，偏偏精刮遇上奪命金。

回歸後千禧初，大家還以為馬真的照跑、舞真的照跳，仍然迷醉在追那塊炒股炒樓的蘿蔔。取景茶餐廳，化成小金融中心、小股票行，根本既地道又是小香港的縮影，幾個小人物，日日上演貪婪與恐懼搭錯線。《遍地黃金》，沒有說的副題是，如何成為大鱷及金融機構的點心。莊家搭棚舞高弄低，定力不夠進退失據，遍地貪小利的水魚才是真。在一個狹小的場景，如細小的城市，熟練的鏡頭調度和剪接下，黑色幽默感，價位上落的刺激性，把《大時代》的荒謬，化成一塊薯片，一咬鬆脆，貪字得貧的教訓亦是。

徐克的《深度對話》，是意外驚喜。近年徐克沉醉（if not 沉迷）於神怪特技合拍片，如今回到香港，少了視覺的炫目花俏，保留神怪，化入精神病院眾角色的真瘋假癲狀況之中，真作假時假亦真，你是誰、誰是我、他是誰，無特定時空、無地域的 context，與其尋找身份，不如連身份危機都視為遊戲，頓入痴呆。反正現實那麼癲喪狂，癲狂那麼真實，到底誰有精神病，你說得準？

第 3、4 位是袁和平的《回歸》和洪金寶的《天台練功》，也是叮噹馬頭，看個人口味了。但二者拍出的，就算時代不同，卻同是老好日子的香港情味。

師徒情、爺孫情，滲出一份香港舊日的純真。兩作品的格調氛圍，都像粵語片年代、像《72 家房客》的世道單純，總之是被繁榮盛世薰染成燈紅酒綠之前，那個尚未曾紙醉金迷的香港。練功，在簡樸的天台、爺孫小寃家，相伴在舊街、老房子，情景，相生。孩子，可以刻苦，可以天真，都沒有老積勢利，對長輩有情，就跨得過代溝。對於傳統、對於功夫，亦有如老友的回味相知。

到底，致敬的，不止菲林，也有港式功夫片，有份成就了香港電影。

第 5 位一定是林嶺東的《迷路》，比上不足，比下面的兩部又有餘。說上一代在自己的城市迷路，回港的老華僑在熟悉的舊家亂了腳步。境物不依舊，人面已黃昏。事實是世事多變，驀然回首，就算一直沒有離開過的人，有時又何嘗認得同一個香港？也不一定是硬件的認不出，軟件都可以跟不上，但跟蹌到開始嘮叨，卻是保守老套得令人呵欠。

第 6 位，許鞍華《校長》，寫暗來明往的情愫，與其說平淡不如說粗疏，我喜歡故事的概念，喜歡也是舊時香港的善良，但它寫不出也拍不出暗戀的情味來，味道，要靠看官自己一廂情願對號入座，不禁再想，香港的編劇養份，真的長期營養不良。

第 7 位，譚家明《別夜》。坦白講，很可怕，又是移民在即，分離從來不易，離地又肉麻的文青扮法國新浪潮氣質，又唸英文詩又盛，深閨初夜獻身破處，男主角生硬的演技用年輕的青澀都敷衍不過去，想像陳百強翁靜晶 80 年代時如此矯情造作，多青春偶像你都會想割凳。余香凝再單天力保都尷尬得驚人。

值得一提是香港有導演答問場，觀眾提問說：「徐克作品似乎離題，都無香港時代背景嘅？」洪金寶大哥搶答說：「唔係喎，我好欣賞徐克條片，九唔搭八，同依家的香港好相似！」

全場鼓掌。

07 怎麼可以痛得這樣溫柔

✳

不容易的事情發生了。

怎麼說呢？是有被驚艷到。不，不準確，不是「被靚親」的艷，驚是真，出於始料不及，是觸動超越了預望那種：「艷」。

也不是驚喜，它是悲喜劇，但一份深沉至近於心痛、意想不到的戚戚然，從內滲出來濃罩全身。是好的戚戚然吧。一齣動畫，一句對白都沒有的動畫，竟然可以動人如此。約個半小時，道盡了人生，那麼透徹，偶有揪心，明明傷絕，選擇溫柔。

雲淡，風不輕。

看完《Robot Dreams》（港譯：汪汪夢裡人，台譯：再見機械人）

之後，心中泛起一襲莫名的感動，風露立中宵。我真的立了很久、很久。

關於寂寞、找尋人生伴侶，病苦、分離、意外，陰差陽錯，任你如何盡力，終究未能天長地久，肝腸寸斷回不去了，當中沒有誰負了誰。友情愛情皆如是。

狗，單身，活得寂寞，訂購了 Robot 回家陪牠。一起生活，出雙入對，形影不離，感情與日俱增，單身狗不再孤單，活潑起來了，生活有了滋味。不再夜裏獨自曬電視光，在瞳孔在身體枯燥閃動荏苒，不再深宵一隻狗左手和右手打機。

活在紐約，狗帶着 Robot 到處去玩、去感受這個城市，它對一切好奇、天真盡情、什麼新鮮有趣都可以令它樂上半天，大家享受彼此的存在，找到靈魂的伴侶，可以是 best buddies，也可以是沒有出腸的愛情。

80 年代的 good old days，一起聽音樂跳舞踩 roller 買餸煮飯打機洗衫去海灘。海灘的一天，玩得太快樂。

生命最喜歡埋伏在高潮反高潮。

入水能游出水能跳，卻不知道 Robot 就這樣生鏽了，動不了回不了家，而且太重，單身狗搬不動。沒辦法，先留在沙灘，傷心地分離，它還示意牠先走。

從此永訣。

以為是短暫的分離，第二天狗可以去把它修好，卻因沙灘冬季關閉狗進不了去。沙灘的一天，成了他們擁有彼此的最後一天。

千方百計，申請、爆格，都失敗。Robot 變了「植物人」，一段關係無疾而終。生命從來太多始料不及。

然後，是更多的陰差陽錯，讓彼此的等待、堅持、信念，變得徒勞無功。我們誰不清楚？

被動躺在沙灘的 Robot，如被遺棄在孤島，只能靠不斷 FF 過日子。三隻兔子來到，它大樂，幻想中被拯救的美夢……沒有發生。反而被砍斷一條腿，再拆掉了一隻腳指，被兔子用來修船。腿不要了。

教訓一：我們都渴望在危難無助中被拯救，但遇上的人隨時無心踩多一腳，令你身心更加殘缺。彼此無仇，對方不過圖個方便。但我永遠無法忘記，兔子不顧而去後的霍然回望，那眼神，不殘忍，卻最殘忍。

彼此分別過了孤獨的萬聖節，單身狗嘗試融入節日氣氛，直至來敲門要糖的，竟是一個扮相甚似 Robot 的小孩，他崩潰了。滿口滿身塗上茄汁扮血，最後成為牠思念成傷，頹然洗澡時在浴缸悽苦地慢慢流走的血，酸的。怎麼這動畫的細節可以那麼有情。

那邊 Robot 唯有繼續在沙灘發夢，投入《綠野仙蹤》的世界，當自己比故事中的機械人的歷程更妙趣繽紛，回家路更美滿。單身狗也發夢，夢裏不知身是客，識到新朋友，醒來都是幻影。夢是逃離，暫解現實之痛。

直至這裏，狗和 Robot 分離中分別也遇上滋養過牠們生命的過客，它得到小鳥一家牠有鴨，貨真價實地相知，享受過彼此的陪伴，然後又必須有告別或不告而別地分道揚鑣。我都沒有「驚艷」。

教訓二：緣份用盡，各奔前路，儘管之前有過真心的相處，相護取暖。難捨，捨得，都是必須。

每個人只能陪你走一段路。我明。

天天倒數盼待重逢，冬去夏來等着海灘重開，第一天就衝去想把 Robot 拯救的狗，希望破滅了。拾荒的猴更早把 Robot 搬走，帶到廢鐵場賣，它最後支離破碎。筋疲力盡的狗可以找回的，只有沙灘上它遺下的一條斷腿，帶回家擁着、另一隻手緊握彼此合照，含淚而睡。

這些都未能令我深沉地戚然，無限悵然來自最後一段。殘缺不全的 Robot，被浣熊買走，剩下的肢體加上新的組件，科學怪人般劫後終於重生，得到了 second life。和浣熊展開了另一段友 / 愛情歲月。

狗也再次為自己買來一個新的機械人 Tin，在生命失去了對方之後，終於 move on，和 Tin 發展出親密的感情。牠甚至帶 Tin 再去沙灘，今次，為它先噴上防鏽漆，並小心翼翼不讓它碰水，學懂了。

不知道城市另一端 Robot 還在。

致命好戲來自最後「沒有發生的重逢」。Robot 從新的家，看見了街上的狗，想直衝去相認，即使自己已經不是原來的樣子。然而他沒有。只是用自己的新身體播了二人的飲歌，讓狗在街上聽見，一起陶醉。牠找它，它躲起來，牠亦已經有了浣熊，相見歡且恩同再做。再深刻、再無奈，過去讓它過去。

每個人只能陪你走一段路，但上一段關係，滋養了你，下次不要重複犯錯。

片中主題曲播着“September”，完場後我卻不停哼“Alone again, Naturally”。

別強求天長地久，每段路珍惜所有。我們 move on，不因為痊愈，不因為忘記，重要是帶着傷痛，帶着記憶，帶着分離去下一次相聚，好好活下去。

·

·

·

（是否你也偷看我背影）

08 如果姜文跟王家衛打賭

✳

如果姜文跟王家衛打賭，在大陸那比長江東逝水財源更滾滾的電影市場，誰玩「站着掙錢」遊戲玩得更高明，如今《讓子彈飛》了之後，來了個《一代宗師》，到底要算誰更風騷呢？這些年，幾多大導演、大影片，有心或喪志地一再拍攝姜文口中「跪着要飯」的電影，歌功頌德摧眉折腰，不避肉麻不羞無恥，自毀的是自己的創意觸覺，如自廢經脈武功，從此打柴。當然，跪着要的那碗飯，又大又好餸質到你眼盲心瞎，很難抗拒；唯高手，恃膽色功力，既要飯也要說話，就有姜文和王家衛，精心，算計，要錢也要面，便踩界不越界，超越地游刃在鼎盛輝煌的光影金銀島之中，做個魔盜王。眼前身後的虧，不吃，眼前身後的財，不拿白不拿。宗師，都知道「時勢」。

《一代宗師》是迄今王家衛最成功的作品，不是最好。（最好的，個人仍然認為是《東邪西毒》，或者 yet to come。）一大堆解讀，蜂擁對號註腳，像之前的《讓子彈飛》，連姜文都說解碼之中「有兩成有點飛」，離譜了。但王家衛比姜文更商業奇才，坊間媒體的導讀註釋，是他預備好的宣傳資料全套，餵飼給媒體作燃料去催旺影片的談論性，反正 research 做了那麼多，影片上用不盡，別浪費市場價值，解碼，是他武功招式的一部分，是售後服務。王家衛的影片票房管理，不止於影片上映一刻。有關《一》片的詮釋，非但沒有「有點飛」，更是在戲外替說不滿的故事補白補飛，替充滿佳句未成佳章的作品，作場外修正解畫，其實有點茅。從未見過一部偉大的影片，導演要賣力地解釋那麼多。

我不喜歡《一代宗師》嗎？喜歡的很多，不喜歡的也多。宮爺決戰葉問，玩掰餅，比武不力敵「比想法」，一脈《倚天屠龍記》張三豐教張無忌太極，不在招，在意，由無忌起初只忘記了大部分，到後來「成功全部忘記」，同理；但掰餅缺了的一角的意涵，分裂的統一，武林不分南北，一國兩制世界不同，寄寓玩嘢亦高明。在雕欄玉砌的金樓，武場戲固然吃重，一場文戲飯桌上葉問宮二「齋啤」的長慢鏡，連後面金樓女子 11 人，總人數及意境，那一宴，絕唱，如達文西的《最後晚餐》，是油畫，配樂是歌劇，中西無界，只有更華麗，舖陳，誇張，極致，過盛，有點 camp。拍中國武術推到 camp 的境界，唯有王家衛。但一線天的故事殘缺，念念不忘毫無回響，小沈陽的存在純粹市場計算，突兀多餘。（如果由譚家明剪接信已遭殃）

「一代宗師熱象」，再次照亮這個城市的文化蒼白。就像那陣子的「忽然誠品」，一時熱血，對一個品牌，過饑地崇拜，趕潮流，不求甚解地消費，大概因為這裏剩餘太少東西給我們熱愛，急不及待。所謂影評，大都缺乏文化藝術的承擔，亦欠民智啟迪的視野。法國影評泰斗 Serge Daney 說過：「媒體不再請那些懂得（或熱愛，或懂得為何熱愛）一些東西的人，與眾分享他們的識見。只會反過來請一些一竅不通的人，來代表大眾的無知發言，把無知狀態合理化」。

從舒琪導演聽來的故事：著名攝影師李屏賓一次來港拍片，到埗後讀了劇本，覺得有太多的問題、疑竇和不合情理的地方，離開鏡只約一星期，但他還是逐一跟導演說了。對每個疑問，導演都給了他十分詳盡的解釋。賓哥聽得有點不耐煩，對他說：「導演，你不要跟我解釋。你跟觀眾說好了！」

或許王家衛一生都在拍同一套電影，但你看寇比力克，創作是幾時都可以從零開始，什麼都可以放棄。

09 不枉一生就是他

＊

有些人，獲獎是他 / 她的榮譽，有些大師，得獎是頒獎禮叨他的光。

Maestro Ennio Morricone，名字之前，誰都心服口服必恭必敬奉為"Maestro"，正是位處這高度的大師。

1928 年生，如今 87 歲了，意大利音樂宗師 Ennio Morricone，為 450 還是 500 套電影配過樂，他自己也說不準了，憑塔倫天奴電影《冰天雪地八惡人》，贏得奧斯卡最佳配樂，六度提名，首次獲獎，他形容二人的合作是："perfect"。

「Tarantino 找我的時候，什麼也沒說，簡介沒有，要點沒有，就叫我寫十分鐘關於雪的音樂」，大師心想：十分鐘，電影怎夠用？便自己寫了足半小時的樂曲，但寫什麼怎樣寫，他也沒和塔倫天奴談過，導演是大師錄音當天才直接去了布拉格第一次聽，並認為配樂「完美」。他得到的是絕對的自由和信任。他一生，享有過不少這種難得的自由和信任，信手拈來，鼎鼎大名的名導 Brian De Palma、Terrence Malick、Roman Polanski 及 Bernardo Bertolucci 都愛他。著名的「意粉西部片」（spaghetti western）大導 Sergio Leone，部分作品被指有些情節嫌慢，大師說導演為了遷就音樂，把畫面加長了。何求？

一生不為討好評審寫音樂，不為荷里活的厚愛去學英文更不玩他們的遊戲，永遠靠翻譯溝通，永遠以羅馬為基地，拒絕過免費的荷里活豪宅，大概因為不識抬舉，你不賣荷里活帳人家亦五次提名都不頒獎給你。在倫敦 O2 場館開完演奏會的他，很多藝深的音樂人認為他不論品味或是級數，都令榮獲過五個奧斯卡最佳配音的 John Williams 相形見小學雞。他的一生，是 one fine life。

獲獎當然高興，他說，"but it's not my main goal. What makes me nervous is that tonight I have a concert, and I would like to do my best. That is the matter of concern, not the Oscar"。

音樂才是真章。Morricone 認為「音樂需要空間呼吸」，像紅酒的音符，在他手中愈煉愈醇。他從來相信天份、經驗、加上鑽研是成功的先決，而且 “studying the history of musical composition over the centuries is very, very important”。世上沒有幸運午餐，才華以外，一切是修來的。

那年他和馬友友合作，《Yo-Yo Ma Plays Ennio Morricone》加上 Roma Sinfonietta Orchestra 聽得我出神。和他合作過的人還少嗎？但馬友友把他音樂的優雅，奏出細膩的婉轉清揚，氣度高遠。特別是大碟第一、二首歌曲，都是英國電影《The Mission》的樂章，我相信是大師親自挑選的，詩意之中透靈氣，這關於西班牙耶穌會修士遠赴南美傳教的英國電影，宗教色彩濃厚，出世的贖世情懷，以仁愛反思殖民的野蠻與侵略。影片以聖經約翰福音第一章第五節：「光在黑暗中照耀，黑暗決不能勝過祂。」完結，音樂超然之中善美無塵，世界變得安靜無爭。Morricone 大概自己特別滿意，1986 年此電影沒有為他贏得奧斯卡，敗了給 Herbie Hancock 的《Round Midnight》爵士樂，他說是「賊劫」（Theft）。耿耿於懷。

最後奧斯卡大會宣佈他得獎時，我在電視機前超興奮喪拍掌，現場滿座的名導演、明星、大製片全場紛紛起立致敬，場面動人，獎有攸歸。他老人家縱然沙場馳騁經年，亦難掩激動之情。獲獎無數國際尊崇，啟發好幾代作曲家、音樂人以致流行歌手，他的閃閃履歷少一個奧斯卡不少，多一個奧斯卡不多，但站在 90 人大樂隊加 90 合唱團前，"Everyone started clapping, and then a standing ovation. It was a nice sensation, and also a pleasant surprise because I didn't expect to be nominated"。千帆過盡，有激悅，還有謙卑。

他相信他對後世有深刻影響，因為他的音樂簡單（believes his vast influence among pop artists is due to his simplicity），"I often use the same harmonies as pop music, because the complexity of what I do is elsewhere"。

任何笨蛋都懂得把事情複雜化，把東西簡化，可以是很繁複的事，明白這道理，執行到這道理，便豁然開朗了，不過有些人要用上大半生。

10 梁朝偉的梳頭髮與錯指甲

✳

梁朝偉在威尼斯影展拿了終身成就獎，坊間回響當然大。

不少人都會提到他在《阿飛正傳》那段戲，那個在閣樓銼指甲、梳頭、數銀紙的賭徒。

不少人說那場戲非常印象深刻、「很厲害」。但厲害在哪裏？又說不出。

似乎 chok，故弄玄虛，電影做出一些超越自己理解能力範圍內的事，有些人就會 hang 機，繼而胡亂地把自己的大惑不解，直接解讀成「厲害」。也有大量觀眾，當年差不多要反面割凳，大罵電影唔知想點。

先不說這一段梁朝偉的「無厘頭戲」，演繹一個賭徒出發去賭之前的行為狀態，最有可能和合理的存在，是為王家衛預算開拍的下一部電影作楔子，不如看看這段戲的賭徒，是否太像另一部經典作品的賭徒好嗎？

保羅紐曼的其中一套代表作名叫《The Hustler》（江湖浪子），片中他飾演一個桌球賭徒 Fast Eddie，梁朝偉像的，不是 Paul Newman，是他的賭波對手，由 Jackie Gleason 飾演的 Minnesota Fats。

這場戲說二人打桌球賭錢、鬥了一個通宵，Fast Eddie 遙遙領先，贏了很多錢，25 小時後，「快槍手」的狀態如何？頭髮亂了，衣物不整，又累又殘，更喝了很多酒。

鏡頭一轉，我們看看另一邊廂，他的對手「明尼蘇達肥佬」在幹什麼：對鏡整裝，好整以暇，三件頭西裝畢挺，抽抽煙，梳靚、梳滑個頭，洗靚對手、擦乾淨手指頭，非常仔細的在整修，那雙準備用來對戰、打球、賭波的那雙手。

整個過程，像儀式、像行禮，一絲不拘，又像醫手做手術前的程序，那麼專業、嚴謹、但很自然。

平行對照，對比之下，盡見 Eddie 抱頭、「摷」亂頭髮、恤衫又皺，不修篇幅，非常「哩啡」，又灌酒精，不問而知，誰是有水準級數的賭徒，誰是三流爛仔老千，Class 這回事，一目了然。這樣的賭局再打下去，誰會貪勝不知輸，誰是最後贏家，不問而知。

這就是我之前說什麼是好電影、什麼是好劇本的 Show 勝於 Tell，或「以 Show 來 Tell」的出色。你不是聽到故事和人物，是感受到二人的分別，分別是兩種人。

《The Hustler》的導演是 Robert Rossen，也有份編劇，這幕戲，編劇居功不少。這幕戲，既突出了兩個角色的細微，也推演了故事，意在言外，簡潔、精彩，並非一個 chok 的裝置。

那現在，你會說單計那一場戲，梁朝偉厲害、Jackie Gleason 厲害、王家衛厲害、還是 Robert Rossen 厲害？

所以當年我沒有像很多人覺得那場戲如何驚為天人。

（別誤會，王家衛也不算抄，但一定有借，沒問題的，天下創作不乏其啟發出處，並非所有都是 100％原創。“It's not you take things from, it's where you take them to”－Jean-Luc Godard。但撞橋的可能性很低，近乎零，片中 Fast Eddie 曾經因為賭波騙錢被人打斷手指公，那個受傷的造型，你會否想起哥哥在《春光乍洩》？）

11 真係咁神咩？

✳

Christopher Nolan 原來是"Keyser Söze"。

這一句如果你看不明白，我可不可以說：「別要去明白它，感受它」，作為開脫？作為本文作者，我有沒有責任令讀者明白自己在寫什麼？一個導演拍主流商業電影，在大眾商業影院放映，又不是藝術片、在美術館播放，是否需要把自己的故事說滿？如果說不清，是看官的問題，是導演的不足，還是因為「燒腦」正是電影的重點，所以想不通「就正嘞」，就代表「燒得勁」？

先說 Keyser Söze 是誰？正是一代 Cult 片《非常嫌疑犯》中，Kevin Spacey 杜撰出來的神秘賊大佬，也就是他自己。被盤問時，他在警署眼見什麼元素，便拈來順口吹水發揮，帶警察遊花園作故事，靈感一切來自觸目所見。

要看懂 Nolan 的《天能》，知道他的靈感都來自 The Sator Square 便易辦。如果他是“Keyser Söze，Sator Square 就是警署中的眼見資源。它是 5×5、共 8 個不同拉丁字母組成的回文（palindrome）方塊，最先在古羅馬城市龐貝（Pompeii）廢墟發現，但在世界其他國家如法國、英國、敘利亞的聖堂及古建築都有，啟發 Nolan 寫出了這個科幻奇情特務救地球嘢拎嘭欄故事。Sator Square 是謎語也像咒語，歷代很多學者都嘗試解構它的真正意思，答案一直是黑人問號。

S、T、R、P、N，加上三個響音 A、E、O，組成了 Sator、Arepo、Tenet、Opera、Rotas 共 5 個字，在方塊中，不論從上而下、下而上，左至右，右至左，讀起來都是一樣通的，就是「回文」的意思。中文也有這玩法，地拖拖地，氣喘喘氣之外，近代見用來形容最偉大的領導人身上：「成功不必在我」，從哪那一端讀起也通。

Sator 是片中大反派的名字、Arepo 是畫假畫的畫家、Tenet 是特務組織、Opera 是片首整個故事的事發地、Rotas 是機場

freeport 的保安公司。很 Keyser Söze 吧？ Nolan 的用意，明顯是希望用同一組角色（8 個字母）做故事（一個方塊），想做到他們從不同方向順時逆時左右逢源，都說得通，像 Sator Square 一樣，環環相扣，你中有我，重覆互換，相輔相成，起點就是終點，調轉亦然，循環不息。從來是他杯茶。

有些電影是 plot-driven、有些是 character-driven、Nolan 從來擅於 concept-driven，憑一個構思意念，創作一個故事，不靠劇情帶動、角色帶動、靠意念駕馭。《天能》，是老調大牙的超級英雄死好命救地球，一個打九個，人死佢唔死，不靠智取力敵，靠佢係"The protagonist"，大晒，主角先生有免死金牌，Nolan 也幽了自己及同系電影一默。製作，是一流的，大場面，是 overdosed 的，海陸空三線上天下海飛車槍戰，動作曝破，目不暇給，但又未至於別開生面。

角色，個個都單調平面，最老土的主角（冷面英勇，完），最典型的反派（我係狂人惡霸，攬抄，吼！），最花瓶的女角（由頭為勢所迫到尾），最恰到好處的拍檔（不搶 fo 兩脅插刀）。007 都有個性，占士邦中的 M 和 Q，都有態度。

但 Nolan 是聰明的，《天能》靠一個時空穿越、逆向回帶的大構想，包着一個單薄的追逐故事來炫目，因為時間線的錯亂，加上他的時光機不像叮噹那種，把將來的人像 google map 的人仔一樣，抽起空降落特定舊時空，而是要回帶式倒轉經歷一次才回到從前，便做成了，色即是空，空即是色的一時難以消化。

最後它更在同一時空，玩出一條順逆時平行同場的大作戰，其實也是構念花俏遠高於實際需要的技法。同時順逆時進攻，是否讓順時的隊伍先看到逆時隊預演的未來而早着先機？不知道，不是說發生了，就發生了嗎？

影片的配樂嫌太刻意太強盛，一是出於傲慢，一係欠自信，我同意不少外國影評人說 sound mixing 不理想，母語是英文的他們很想有英語字幕，如果連對白也聽不清，故事怎會看得明。聽不清楚不是燒腦的一部分吧。

看電影，可以因為好看，也可以因為話題。因為話題入場，不會太介意夠不夠好看。Nolan 是高手，但從來有過譽之作，如《Dunkirk》。《天能》實不必用朝拜的心去看，萬一一時搞不清時間線也不是你錯，或你沒有去「感覺它」。我是一邊看已早知人物在哪裏是如 Sator Square 字母的重覆，知了沒有影響，不知也見不得有原來佢係佢的驚奇。

太極，是關於無招。看官一時不明白，要程度去懂。《天能》，當中的“grandfather paradox”不過是邏輯上的矛盾（你回到從前殺咗阿爺仲還有冇你呢），並不如教太極有智慧的思辯，於我，本片純是時尚而非常 Style over substance 的話題之作。

12 一個去釣聲音的人

✳

他在彈一個從海嘯生還的鋼琴，他自己是個從癌症生還的音樂家。

生還的鋼琴有它的殘缺，聲音也有破損，但坂本龍一覺得那儼如一次赤裸的回歸自然，琴音，不再鎖困在人類特定調好的指定界線，亦不再被迫表演文明特許的指定音階，弦線和琴鍵「恢復」自由了。

紀錄片《坂本龍一：Coda》的開端是關於地震過後的感知，對世界、自然、音樂、自己的反思。或許坂本龍一太豐富，紀錄片導演無法好好把他呈現。影片沒有說的，是他已有一個計劃，打算跟學校買了那台劫後餘生的鋼琴，並把地震的實時數據，轉化成 MIDI（Musical Instrument Digital Interface）信號，再用這些「音樂化」了的「地殼心電圖」來彈琴。如此，一部別人眼中廢了的琴，便成為了表現地球震動的指定裝置。不是廢物利用，是把殘琴高舉成非君不可的唯一大使，去傳達地球震懾古今的怒吼和心跳。

癌症過後，他想了很多。不同的，更多。

我驚訝於他對生命脆弱的陌生及拒絕。他沒想過自己會嘗到生命無常，差不多無法相信自己有患癌的可能，可以忽然接近死亡。

生命，曾經多麼寵一個人，說變臉就可以反臉，身體，說崩壞就可以崩盤，像海嘯驟來，之前可沒什麼預警，過後無痕。

我不會扮勁說細細個便聽坂本，他組成黃色魔術樂團（Yellow Magic Orchestra）時我太小了，他的前衛和電子我懂個屁，看《戰場上的快樂聖誕》，也是哥哥說他很型，才留意了這個人，和他的音樂。

但對於我不懂，因吾生也晚未及更早認識的，我從不因自己的無知，而視上一代及更早的文化或經典為老餅，不會用抗拒和否定，去令自己的蒼白變得更合理，反而忙不及謙卑而興致勃勃的去學。或許如友人說這是我背着的 old soul 作的怪。

紀錄片沒有說滿的，未能令他更立體的，我可用另一些自己對他的認知變得更完全，拼圖得到更多的小塊，整合出坂本龍一更完整的面貌。這不是影評，否則我會告訴你影片太瑣碎，連如何收結也不知所措，本片是給對坂本認知不多的人去膜拜朝聖的。導演自己來得及尊敬他，已來不及去好好整理及表現他的深度和豐盛，他明明是個寶庫。

坂本龍一喜歡水，因為水有很多狀態。液體、氣體、固體三種，不，他還在意到雲、霧、霾、雨、雪，彩虹是關於水，身體主要是水，地球主要是水。水，柔美瑰麗，但水也可以暴力激狂變成海嘯惡魔。

他也喜歡聲音，於是去「捕捉」水聲。一直在錄下紐約的聲音，尤其是下雨的聲響，不同的、軟硬的，但紐約的雨聲已無法給他驚喜。他便駕車到市郊，可聽到完全不同的風景。也到巴黎，有時會錄到一街之隔有小童在唱歌，很好玩。他形容自己每天去「釣聲」，像釣魚一樣，將會捉到什麼不知道，每天把 catch of the day 回家煮，炮製一道道廚師發辦。

學習忘記，是學習創作的一部分。

明白忘記，懂得忘記，學到了的才會化成日常呼吸。每天每刻，我們不必記着要「呼吸」，呼吸自然與我們同在。

曾接受 Movie Movie 訪問，提到創作是關於內化和忘記，像張三丰教張無忌太極。他把武功耍了一遍，張無忌說自己沒用，只忘了大半，另一名徒孫宋青書懶醒說自己記得了大半。張三丰便再耍多遍，無忌說這次差不多全忘了，祖師爺答：「孺子可教」。

如今坂本龍一做音樂，也從忘記開始，先放下舊有，每首曲，都重新創造。如果歌曲結果變得有點像貝多芬的奏鳴曲，可以。不要起草不要腹稿，讓音樂自然發展，不要操控。「我想做一些連我自己也不知道是什麼、將變成什麼的事」，"I want to make something I don't know, and that I've never done or never known"。

老了，生命經過深谷，最大分別是自己的音樂變得慢了、更安靜，更多空間。更少音符，留下空間，不是靜止，是空間，有空間，才能聽見迴響，享受迴響的成長與和諧。

02 尋公義

＊《孤城淚》*Les Misérables*, 2019

01 適合所有非腦殘人士

✳

這是旅遊節目不會告訴你的。暢遊意大利、法國、芬蘭、斯洛文尼亞、德國、葡萄牙、挪威、北非、突尼西亞、冰島，帶着惡搞去旅行，揸枝美國旗去打仗。一個大肥美國佬看天下，Michael Moore 的《美豬出城》，在美國總統大選後看，份外爽！

它誇張、屈機、「自 low」、開眼界、娛樂性豐富、詐傻扮懵真諷刺，擺明車馬賣偏頗，說到世界處處是天堂，唯有美國是地獄。

影片大巴大巴車過去，摑醒還殘餘大美國主義思覺失調的美豬。港有港豬，美有美豬，全世界都有豬及裝睡的人，本片不為美豬而設，適合任何腦袋健全人士取經反省，思考一下社會到底那裏故障了，有些國家已經斷症及有效醫治；腦殘者請自行迴避。

持平從來不是 Moore，但他從來偏頗有理有論點。像戰國時期田忌賽馬，他四出硬找外國的上駟強攻美國的下駟，那壺不開提那壺，自己的崩口碗死拿出來獻世，別人的甜美童話 VS 美國的殘障現實，人家完勝，於是通觀打工福利、學校膳食、教育制度、懲教政策、醫療系統、金融規管、原罪反思、女性平權等等等等，美國的水平都像第三世界國家一樣瞠乎其後，輸九條街。"Make America Great Again"？唔好玩啦，又錯重點了，夢幻的大美國萬歲泡沫爆咗好耐了，現在美國是 far from great，有排唔使旨意 again。

還天天飛機大炮的去打逢打必輸的仗，不如拿這些軍事龐大開支，去完善國家的五癆七傷好過。一開始，他即如實反映，好戰的美國，二次大戰後，不論韓戰越戰伊拉克 ISIS，美國從未勝仗，只激增及製造了大量敵人和仇恨。Moore 改個方式去侵略，不如專去掠奪人家的腦袋和德政。

去意大利看看，打工仔有極多法定有薪假期（20 日），加上公眾假期12日，全年每人至少放32天有薪假，而意大利媽媽法定享有5大個月產假，因為陪BB是人生中最重要的事；美國呢：零。美國法定是沒有有薪假期的，不同公司自行制定paid leave事宜，零假期不犯法。當意大利人聽見美國人連一天法定有薪假期都沒，個咀O足一日一夜，正如導演得知左加右計，意大利普通中產動輒可享50天假期時下巴掉了一樣。假期令員工快樂，生產力絕不比美國低。被訪的意大利廠家、企業說，放有薪假期是天公地義的，樂於付鈔，再富有更多何用？問你怕未。

中產快樂？美國的中產在消失中、基層沒脫貧的力量或醫藥費，在絕望中。

去法國看看，小學生的午餐食什麼？簡單說，由餐具到膳食質素，法國小朋友吃的是大型航空公司給商務旅客的款待，鮮帶子靚芝士，菜單新鮮有益多樣，美國學生吃的是廉航經濟艙的乾悶貨色。

去芬蘭看看，人家的學生已經零功課、零考試，自教育狠狠改革以來，芬蘭學生水準躍升世界最前列，叫不濟的美國汗顏。

教師以發展學生的自我、發揮潛能、讓他們學懂自由快樂尊重為教學原則。全港怪獸家長應拿一張摺凳一枝筆去抄 notes，吳得掂請拿兩把武士刀去切腹，以謝天下。教改得學生水平和快樂程度雙雙標升是可以的。

去斯洛文尼亞看看，人家提供全民免費教育，有教無類，師資及課程設計一流，連外國留學生都學費全免！不像美國、香港，讀大學代表欠一屁股債。

都不說挪威懲教處的快樂監獄 VS 美國的暴力黑獄，葡萄牙吸毒無罪的公民教育良方 VS 美國罪案與販毒越見猖獗，還有冰島的官府是把金融罪犯治罪監禁，不讓他們再遺害人間，美國的吸血華爾街大鱷卻殺人放火金降落傘，逍遙法外有錢過富豪分手女友，面皮厚過恐龍皮。

不是關於別人的草地總更嫩綠，不是說別人的國家沒有問題，是三人行必有我師，三國中必有我榜樣。是曾經有問題的國家如何變成今日活得更好。這年頭，誰都在掙扎，世界大病大亂，禮崩樂壞腐癌四散。美國以外，歐洲歐盟日本泰國中國南北韓菲律賓東歐中東南美敍利亞，國國有本難的經，以別人誇張的好，反映自己極度的差，不過是把值得學習的拿來取長補短。與其把精力拿去打仗，不如用心勵治，與其卡在自己的積惡，不如求變遷善。

這年頭，Gate keeper cannot control the gate, opinion leader cannot lead，良心福利，快樂教育，人道監獄，友善醫療，賞善罰惡，都在證明推動和促進人活得自由文明快樂有尊嚴，才是王道。美豬出城，肥姥姥看見的是人性大觀園，惡作善時善亦惡，善作惡時惡亦善。

02 恭喜你已身在地獄

✳

南韓，在搶購口罩。日本，在搶廁紙。意大利，在搶意大利粉。連紐西蘭，有了第一單肺炎確診，超市也湧現了排隊人龍在 panic buying。

預計在家的時間多了，添置些必須的食用物品，合理，但一些人的食相和搶奪量，太可怕。

香港，「盲搶炎」感染過消毒水、米和廁紙，食人魚掠奪一輪過後，現在一切差不多回復正常。新加坡貿工部部長陳振聲，笑香港人搶口罩囤積物資，揶揄香港人的表現「低能」（idiot），強調新加坡人不能令自己變得像香港人那麼「醜怪」（disgraceful）。

其實新加坡人不僅搶糧食，也爭相喪買杯麵和廁紙，和他眼中的「港式失態」沒有兩樣，有新加坡人直情囤了足三個月用量的物資。

亂世中、瘟疫時，超市有恐慌性購買，股市有恐慌性拋售，失態無分國界。

物資沒有短缺，理智卻出現飢荒。

未真亂，已先慌。基於一種餓過饑的生存自保，一種不必要的你死我亡。

喪在瘟疫蔓延時，排遣一下，應節一下，要看的電影，不是Contagion《世紀戰疫》，不是喪屍片《World War Z》（地球末日戰），是最Cult的《饑餓鬥室》。

應棍到你唔信，勇奪多倫多電影節瘋狂午夜場「觀眾喜愛大獎」不無原因。電影正是關於盲搶、自私、共享有餘，相爭不足。

西班牙出品，反烏托邦的鬥室設計，垂直的三百多層地獄。每層，一個監房，一對囚犯，共處一室，在一段你不知多久的時間。忽然有天睡醒，你們被換了囚室，可以上了高層，可以貶入低層，幾時上流突然下流，完全隨機，無跡可尋。確保你浸沒在不安與恐懼之中。

高層和低層囚牢，分別可大了。密室遊戲規則是，食物每天由中央平台直通傳送，從 0 層開始每次從上而下，逐層停，僅兩分鐘，送餐到第一至第三百幾層地獄囚室。食物總量，就平台上那麼多，上層人吃剩的，才輪到下一層吃，中途不會添加。在 0 樓時，餸菜是豐盛華麗舖陳的，平台如帝王式酒池肉林。從來，上層的人不愁，吃夠、吃剩，才到下層。

問題是你被囚在多低下的絕望裏。中層，還好，夠飽，有時還有酒有餚，越下層，殘羹狼藉再狼藉，餓狗搶吃再搶吃，活在低低層，降下的食物平台來到，空的，吃光了，廚餘都沒有，你要活，就得吃掉你的室友，生吞活剝。

你不吃人人吃你，弱肉強食，不適者也得生存，你逃不出，上不去，可以乘坐食物平台往下層走，但食物只會越低越少。活過在下層，你知有多可怕，餓久必瘋，忍不住必相殘，到你在上層，便濫食狂吞，因為你不知自己幾時又跌落低層。

道理和寓意赤裸，也血淋淋，警世到心寒三日。

有上層的人，想到每層人吃自己的一份之前，都先留兩份吃的給下一層，那就每一個下層，都不匱乏了。她自己先不濫吃，又為下面的人著想，是足夠的。邊個肯聽，點解要？一兩層肯，如何 300 多層的人都肯共享、肯不爭？

有人想到，也要有人執行，夠能力維持新秩序，更要有人犧牲。

廚房，可能是上帝，可能是天地，確保了資源足夠養活所有人。三百多層監獄，是人間，有人被迫投胎，有人自願降世受苦，然而遊戲規則是不公平的。問題是，要打爆個 game，先要打爆自私和恐懼兩大人性。你肯、你敢、你有本事，會發現最低層的，是無力保護自己的孩童。你可以做的，是在上時、在你優先時，造一個更好的世界給他們來過活。

信奉弱肉強食，無異於信奉殺子絕幼。孩子一定比大人弱小。信奉掠奪賺盡自保自肥，無異於信奉扼殺將來。將來的禍，一定是現在害的。

地球總是前人毀掉，由後人收爛攤。虎毒不吃兒，人不窮也食子。就因為自私、求存。

西班牙名畫家 Francisco Goya 的名作《Saturn Devouring His Son》，以暴露西方「食子文化」馳名於世，古羅馬神祇 Saturn 怕兒子奪權篡位，壯志飢餐兒子血肉；其實畫家 Peter Paul Rubens 比它更早畫下殺子的 Saturn 傳世警世，不過 Goya 筆下的父親更猙獰可怕，不獨是中國才《滿城盡載黃金甲》殺子之弱肉，來做生存的強者的。

病毒靠什麼生存？人性的自私。

改變世界，先要殺的病毒，是自私，和恐懼。人類是被自己的行為殺死，殺死自己的將來的。

人類物質文明，從原始野人時期，發展至今進步驚人，可憐是精神文明還停留在野獸求生式原始。生存總是比正直強大又野蠻，能攻破之日，人類就打爆機了。

最記得有位意大利伯伯對於肺炎瘟疫下意粉被清空，他的反應是：「二戰世界大戰時都冇咁喪啦！Mamma mia！」

03 被強行消失

✳

有的獨裁極權手段不見血，陰陰濕濕。今時今日，光天化日殺人放火太低級，唯有做些更低莊的事。

「1976 至 83 年，在阿根廷軍政獨裁統治下，有超過 30,000 名男、女、小孩失蹤，消聲匿跡」。一個人，活生生，忽然消失，無端無緣無故毛生生人間蒸發。親人摯友之間，忽然少了一個親愛而重要的生命在旁，父母子女情人夫妻，家破人離，沒有任何心理準備及餘地。是一種猛烈而無助的傷害。別以為見血的才是罪行。

《Imagining Argentina》電影末有一系列來自國際特赦組織（Amnesty International）的數據，除了阿根廷的 30,000，

智利 4,000、哥倫比亞 13,000、剛果 55,000、伊朗 90,000、墨西哥 1200……還有利比亞、古巴、俄羅斯，大量人口，就這樣，一天，變成空氣。名單沒完沒了，數字長升長有，文明完全失效，說服不了任何人。一個妻子，一個兒子，一名教師，一個新聞工作者，一個書店老闆，是如何被外星洗頭艇擄劫去飛太空髮，被地球黑洞吸了入去了第五次元，天曉得。由 Antonio Banderas 及 Emma Thompson 主演，改篇自 Lawrence Thornton 的同名暢銷書，《Imagining Argentina》是政治驚慄片，講述愛瑪湯遜飾演的新聞工作者 Cecilia 不畏強權，致力為被消失的社運學生發聲，發表了觸動建制神經的文章，結果她自己被消失了，在家中被強行擄走，從此杳然。Antonio Banderas 是她的丈夫 Carlos，一個舞台劇團導演，彼此深愛的人失去了對方。失去了她，如失去了靈魂，他每天如喪屍過活，努力尋人，刻骨悲哀，絕望中死不死心，忐忑的空洞比清楚的死亡更空曠虛耗，因為沒有正式的告別。你仍然牽掛，還有希望，你怕對方苦驚對方痛，在每一片樹葉看見對方的臉，在每一個街角聽到對方的聲音，想像他／她呼吸着的每一點細微，想像一天消失了親愛會再現眼前，然後自己呼吸困難……

一個當街當行綁架良家婦女好市民的政府，強盜山賊爛仔一樣，憑什麼講法治。點解要人消失咁不見得光？官字已經兩個口，犯了法，就循法律途徑拉人，沒有犯罪，找不到犯罪證據，才要打茅波硬來。已經球證球員全場都係你嘅人，仲要衰到綁架埋人家球員，假波都唔好好醜醜打一場，沒有最卑劣的更卑劣，像 Cecilia 等被消失的，往往是最身家清白「錯」在不妥協的善良正直人。就因為政見不同，以言入獄加上莫須有罪，慘得過極權就是無下限任性和無上限自我。

Carlos 記得年輕時她說要當新聞工作者，因為她「想問些難答的問題」，他說「問我一個難答的問題吧」，她即問：「Would you marry me？」，他漲紅了臉，不懂回答，但吻了她，是她人生最大的一個吻。「想像阿根廷」中，她被囚於「被消失人士集中營」的爛地方，什麼人權衛生都是屁話，她被毒打被強姦，有些人被不眨動地集體屠殺，一次一堆。被消失了就不是命，就不是人。Don't cry for me Argentina。

「被消失」的法定英文是“enforced disappearance”，比起「被消失」，「被強行消失」更暴力更貼切，那野蠻比硬道理還要硬，建制要你消失君要臣死一樣狠絕。國際特赦組織有專頁解說

enforced disappearance：人們如字面說就是消失了，從愛護他們的人身邊，從社區絕跡了，建制“grab them from the street or from their homes and then deny it, or refuse to say where they are. It is a crime under international law”。是國際罪行，「被消失的人很多時自此不被釋放，命運難料，受害人多半長期受虐打及活在惶恐之中，家人欲求無從，痛苦不堪。」

「被強行消失通常是用來在社會散播恐懼的策略，帶來的不安和驚懼不限於被消失的受害者之親屬，整個社會往往會受牽連。」

《想像阿根廷》卻說，要令人消失，正因為“they do not have what is necessary to defeat us. The real war is between our imagination and theirs, what we can see and what they are blinded to. Do not despair. None of them can see far enough, and so long as we do not let them violate our imagination we will survive.”

真正的戰事在我們和他們的想像之間，我們看見的，他們視而不見。

04 我就是法律！

✳

世界很壞，人類很醜。

來一個全球性奧運或者世界盃，不競體育鬥糟糕，個個國家太多城市，都有冠軍相。

從 1862 年，雨果出版他的《Les Miserables》到今天，走過一百五十多年的歲月和歷史，地球，仍然是一個悲慘世界。人類，真有點死不進步的本事。

《孤城淚》（英文片名 Les Miserables），劇情與 Victor Hugo 的小說完全無關，但發生於現代的故事中的悲哀，與名著的傷絕一樣深沉，百年不改。

雨果因為年輕時，見過兩個士兵挾持着一個因偷麵包而被判死刑的男子，坐在漆有家徽的馬車經過的貴族太太，卻對他完全視若無睹。於她，他是透明的、是無物是死物、是零，看在眼裏，大作家寫成了一部文學經典。

貧窮、掙扎、不幸，對於一些人，是無物。Law and grace 在塵世，又有幾多並存空間？

“C'est moi, la loi!”（It's me, the law!），一個壞警察，可以眾目睽睽大叫「我就是法律！」算不算無法無天。

故事發生於法國 Montfermeil，九反地帶，罪惡溫床，三教九流新移民，不再是旅遊廣告、明信片或時裝雜誌中的法國，華麗與浪漫都荒腔走板了。在那裏，法律不是法律，popo 自詡法律，文明不再文明，爛身爛勢的貧亂之區，本來似九龍城寨，但既然是現代版的悲哀，比喻也該現代化改用成一個北區地名，那種警黑的微妙，執法的欺凌，可以結成姊妹異域。

片首是世界盃法國拿下冠軍一刻，舉國歡騰，包括 Montfermeil 的人，有色人種、黑人穆斯林、吉卜賽人，同一個足球下我們都是法國人。然而像《動物農莊》，有些人比其他人更法國。別忘了平行時空下，法國極右政治人物如 Marine Le Pen 會大發「移民的侵略」論，聲言要“make France more French”。

是一個黑警、灰警、白警的組合，但沒有一個是無辜的。最黑的一個，光天化日，隨街欺凌無辜路過的少女，身體接觸肢體衝撞，大爺要來便硬來。旁人拍攝他的罪行便打爛別人的電話，他們查案，橫行霸度，你不合作，恐嚇要搞你家人；用了過度武力開槍傷人，只求毀滅證據掩飾罪行。我們現在看來，都毫無驚奇及張力，心中會隱隱作痛，升起 I know that feel bro。當法國警察說「我們永遠正確，從不道歉」，然後繼續警暴，你會明白劇情為什麼會發展至另一層次的報仇。

以一個少年偷了吉卜賽馬戲班主的幼獅為藥引，爆發了一場危險的膚色與階級的危險戰爭。他沒有偷麵包，他有偷小獅，但不值得被濫用私刑扯入獅子籠，受獅子的巨顎利牙近距離威嚇吧，更不值得被壞警察開槍打眼吧，就算是海綿彈。他還是個少年。

使用過度武力，亂開槍傷人被一部 drone 拍下，餘下就是壞警察追回罪證毀屍滅跡的瘋狂。當一些以為自己是法律的人犯了法，而且被紀錄和發現。

有年輕的躁動，不公義的騷動，九反之地，混亂的權力包庇加上亂七八糟的制衡，整個地方一干人等，由內到外，視覺上聽覺上，鏡頭下都是髒、吵、亂，令人情緒緊要。黑人穆斯林、吉卜賽人、警務人員三方鬥不好惹，在這個地方，沒有孩子可以乾淨企理成長，穿香的校服上學，純潔無邪地回家。

情節的刻劃比角色的刻劃好，每個角色都寫得不深，深如黑洞是社會的深層次矛盾。法國對於黑人的接納，有若美國人對有色人種融入的陣痛。影片於是很有黑人導演 Spike Lee 的社會課題電影如《Do the Right Thing》之況味。

天下暴警又非一樣黑，至少法國的，沒有搜尋令最終沒闖入屋，沒有強姦、沒有殺人。

片末以雨果的名言作結："There are no bad plants or bad men; there are only bad cultivators"，怎樣的社會，養出怎樣的人。香港的舊日光輝，要給很多 credit 英國人，他們 cultivate 出一片欣欣向榮的泥土。換了 cultivators，種瓜得瓜，種仇得恨，種極權得弄權。沒有其他可能。

05 讓智慧女神點化

✳

辯論是沒有身體接觸的搏擊，論點是左鈎拳，理據是右直拳，辯論台就是搏擊圈，同場競技，智取理敵，拳來拳往，腿腿到肉，操練有功，即時反應，汗水飛濺，眼角爆裂，牙甩噴血，舌劍唇槍，可以想像，未必官能，一樣刺激。攻、守，或者反守為攻，都可以好看。有人左閃右避，有人步步進迫，搶點搶分，輸陣輸態，有時連番落後的，可以一記 KO，問題是出拳的力度速度準繩度，夠準夠重夠硬的道理，制敵致命。

從來喜歡看高手辯論，精闢對慧點，賞心悅目，腦袋開 party，是以勁喜歡古希臘式 Symposium（英國議會當然水準亦高），議政論政辯政，或不戰屈人或攻其不備，非常文明非常過癮。戲劇化之後，尤其愛不釋手。我不打算和你講好看到暈三日的 HBO 電視劇《Rome》（權欲帝都——羅馬），想說的是不容錯過但很多人錯過了的電影：《Agora》（穹蒼下的女神），看它在香港的票房就可知。那是古羅馬統治時期的埃及，哲學家 Hypatia 的聰慧如何在人性混濁的時代閃閃生輝的故事。她在議事堂幾場單槍敵眾的辯論，一個女性在 men's only 的俱樂部小大衛單挑歌利亞，理性光芒帥亮迷人，儘管形勢極度「屈機」。英國女演員 Rachel Weisz 把智慧女神演得溫柔勇敢，彷似在說就算被黑暗高牆力壓，不退，就無畏無懼地把黑暗打磨得發亮。

史詩式影片耗資 7500 萬美金拍攝，是西班牙導演 Alejandro Amenábar 的傑作，09 年西班牙最賣座電影，威盡西班牙奧斯卡 Goya Awards。有歷史根據的真人故事，大膽挑戰宗教的神聖不可侵犯，因為任何神聖不可侵犯的，不可檢驗的，不容質疑的，不容存異的，都有另一個名字叫「極權」。Hypatia 面對的，是宗教恐怖份子的霸權時代，順我者昌逆我者亡，先是異教徒權貴當家做主的，見基督徒當奴僕的聚眾坐大囂張，率眾打壓之屠殺之，白袍者肆殺黑衣眾，一個鳥瞰式 top shot，人如螻蟻，當權者是殺蟲水，Hypatia 阻止不來；然後被殘殺的群起力抗始知敵寡我眾，黑衣眾掩滅白袍族，又一幕嗜血殺戮，同一個鏡頭下，黑白對調了，鏡頭這時180度調轉，世界癲倒了。權貴負隅躲入豐藏典籍文明的亞歷山大圖書館，和基督徒對峙，直至基督徒壓倒勝利闖入圖書館如暴徒般焚書毀像，凶悍浩劫煞是文革。基督徒得天下，就宗教清洗，與猶太人相互仇殺，信徒如黑社會，比《動物農莊》有些動物「更平等」之說更獨裁，相信有些宗教「更神聖」，以多數暴嚴重排他，因宗教之名誅滅異己。宗教的絕對神聖凌駕法律，支配身為基督徒的執政者，最後連是非、公義、良知及愛人，都被處死。是齣恐怖片。Hypathia 沒有信仰相信哲學科學，擲地有聲力辯"you don't question what you believe, or cannot. I must"，不能問，只要信，她辦不到，毋寧死。被亂石砸死。

不能問，只要信。「信任令夢想成真」如此廣告我看見除了想爆粗，還覺得很恐怖。

有些政府當自己是神，有些政黨不容許挑戰權威。因宗教不同就可以殺人，因政見不同就被標籤為激進、叛國、妖邪，要拉要鎖要被燒死。

難以置信是不可理喻的古裝野蠻還可發生在現代。一場辯論，有個打煲呔的大叔輸到連護口牙膠都飛埋出嚟，還未明白功能組別的反文明反民智反民主。霸着茅坑不拉矢已經夠樣衰，功能特權組別霸着茅坑拉了 25 年矢還不走開？

或許歷史的教訓是人類從未從歷史中汲取到教訓。

06 萬劫不服，仍然選擇救贖

✳

廉價的悲情容易，內傷入骨難。

膚淺的眼淚容易，見淚封喉難。

吳慷仁的《富都青年》阿邦是做到了，深不見底的內傷，體內被殘酷生活挖空至僅餘欠營養的軀殼，如果那身體是個樹洞，輕輕對內喊一聲，大概要很久很久很久才有回音，不可測的傷悲太深沉了。

叫富都的地方，嚴重貧窮，真諷刺。聚居了沒有公民身份、沒有憑據、沒有保障，沒有明天的一群苦命人。那個世界，雜遝、紛亂、無章，阿邦和阿迪就在街市、陋巷、舊樓、破居中存活。不是生活。

影片一開始，就是阿邦的刻板辛勤幹活，沒有表情、非常機械、送貨、斬雞、切菜。粗活，他的日常，卑微，他的存在，麻木。連被欺負都慣了。在大堆疊高的雞籠旁吃飯，不怕臭，他也是籠裏的人。

阿邦還要沒有父母、沒有聲音（聾啞），罪加一等。

富都的殘破斑駁，導演透過 high contrast 的高濃色調呈現，令視覺上的嘈吵更鮮明，對照了阿邦陰暗世界的蒼白無聲。他那種安靜、躲藏，如社會的幽靈，又像怕被獵捕的受驚野獸。

兩兄弟，一個善良安份疲於奔命，一個躁動急進蠱惑營生，相反相成，搭一個像唯一「親人」，疼他們兩兄弟的跨性別者 Money 姐，「一家人」吃飯有講有笑算是最大幸福。但連他們最像母親角色的照顧者，都是一個「不正式」的女人、一個社會邊緣人，淪落人們相互取暖，像黃德斌扮女人的 Money 姐，一邊吃飯一邊悍衛髮型那幕，是兄弟二人少數嘗到的人間溫馨，飯枱上僅有的一次豐盛。

即使在那麼匱乏的生活中，阿邦還是保護照顧弟弟的好哥哥，他為阿迪煮飯、買新衣、痛罵他誤入歧途；明明自己怕得要命，仍奮不顧身奔去保護和拯救被圍毆的弟弟，預示了他會為阿迪挺身擔當一切的罪禍。

看吳慷仁的精彩，壓軸那場戲未到之前，這裏受驚動物顫抖中發瘋自衛之狼狽，那不屬於他的兇狠，盡見令人不忍的可憐。這個哥哥，不惜耗盡生命，也要保護弟弟免受傷害。沒人愛，他拼命愛被家人遺棄、沒血緣的弟弟。

千差萬錯，錯在出生，而且聾啞，他已經那麼努力，已經不能再努力的了。細佬還要不生性。

從小到大，貧窮、殘疾、無親、沒身份，已經夠吃人，還要不小心殺了人。現實太過迫人，明明已經迫得阿邦不敢大聲呼吸、不敢愛、不敢有希望，最後還迫使他頑強地捱了那麼久之後，堅持正值存活那麼久之後，選擇放棄。

現實的左右勾拳他吞下了那麼多，最後要來一記七傷拳把自己打到再站不起來。終於認定自己的生命沒有丁點尊嚴，活着是個悲哀。

影片已無餘暇為好心的社工佳恩喊冤，無意責難阿迪不擇手段賺錢騙財或對佳恩恩將仇報，在如此爛的背景成長，你還可要求什麼？

已成死囚的阿邦，絕食絕生，對法師用手語盡訴心中慘情。從片首麻木存活的啞巴，他到這刻要把一生的悽、痛、悲、絕，一一喊出來，最後用發音故障的啞叫，令他的無告首次被聽見，是他第一次發出聲響，也是最後一次。

沒有灑狗血卻令觀眾胸口滲血，活得累到、苦到、孤獨到血跡斑斑，他的手語有情、眼有霜、整個畫面悽冷寒荒，無聲有淚，天地間這條枯山殘樹下的孤影，決定黯然離去了。吳慷仁把這個悲劇人物演得不能再動人，他已經得到是羅拔迪尼路的《的士司機》了，他的演藝生涯，永遠閃着這次表演的輝煌。

「活著的時候，就要好好的活」，談何容易。大概是獄卒說，知道他是個好人，給了他生命一個難得的肯定，弟弟又生性做人，他的生存才沒有徹底是荒謬。

這電影心腸好，讓沒有身份的人被看見，啞然的人有聲音。

為什麼說希望在明天？因為今天沒有希望。

好人，一樣會生活迫人。努力，一樣會萬劫不服。阿邦，仍然選擇救贖。

詩人 Emily Dickinson 說：

> “If I can ease one life the aching,
> Or cool one pain,
> Or help one fainting robin Unto his nest again,
> I shall not live in vain”。

不是能力越大，責任越大。是沒人救的可憐人，仍捨身救人。

07 真相是潑辣麻煩而且困難

✳

《墮下的對證》（Anatomy of a Fall）和《權鬥教員室》（The Teacher's Lounge），在這個時代同時出現，既慶幸也無奈，慶幸人類的確是有進化，無奈真理並不是越辯越明。你就想喇。

兩套電影都思考真相，但切入點及思考路線截然不同，又殊途同歸。求真之難、之複雜、之震央，千絲萬縷又始料未及，凸顯了求真之亂及代價，反省並不在於、止於「真相」本身。未必所有朋友都已看過兩套佳作，但領略它們的好和先看了本文，毋須兩片都已看過，亦無損將要看之樂趣。

《墮》片與《權》片，前者關於誰是兇手，後者追尋誰是小偷，一套是法庭戲，一套是校園片，被法律及社會公審，和被學校／

同事／同學私審，最後都沒有告訴你真相，整場大龍鳳是審視過程：是學習弱點、盲點與觀點，如何令真相失真。

從來《審死官》太爽，《包青天》太理所當然，真相卻總是隱瞞在似是而非和糾纏不清之中。我們看慣了《金田一》和《福爾摩斯》，太天真地誤以為真的假不了，太願意滿足於真相大團圓，才沒有那麼簡單。

《墜》片，康城影展最高榮譽金棕櫚獎得主，只有幾個主要角色，一家三口和狗，辯護律師和主控官，老公疑似意外死了，老婆成了疑兇，視障兒子如何判斷和相信誰？又如何作供？老婆一定為自己清白辯護，主控官一定煮死被告，動機又算不算純粹？真相不應該是客觀的嗎？

先天設局於典型偵探小說模式，荒僻孤屋，忽然命案，疑點有理說不清，說死於意外不完全能。加入婚姻本就撕裂的張力，老婆有偷食前科，老公錄下過二人吵架的過程，只有 audio 沒有 visual 的證據本身，就預示了真相的偏聽不存，充滿聯想。老婆仲要是德國人（母語是德文），在法國法庭以英文作供，供詞本身，陪審團的接收，「含真量」又有多少 lost in translations？

兒子視角，本來就充滿利益衝突，兒子視覺，又不幸因缺陷模糊不清，在健全人都耳聽三分假，眼看未為真的世界，加上事發時不在現場，他由相信阿媽無辜，到心生懷疑去 fact check 生母有沒講大話，對家人的不信任與恐慌忽然籠罩全身，像陪審團一樣的觀眾，與他一起經歷一場震撼教育。

《權》片仲大鑊。人多，口更雜，權力關係更複雜。學校有人偷錢，教員室失竊，由審學生到審老師，「自願」協助調查還是迫供，銀包錢多是否有罪？湊巧你是土耳其裔，「錯」的形象和典型，又拉扯到種族、階級歧視。

主角教師 Carla 明明開明、民主、善良，不認同時學校和教師一些查案手法，理想主義的她教導學生要理性、推論、演算法、求證據，她決定用自己方法查案，靜靜在教員室偷拍，又真的拍到小偷疑似犯案。但拍不到全部，見不到疑犯樣子，只能憑衣服圖案找相同按圖索驥。

問題來了，找到疑兇，對方否認，同衣服圖案就是罪？更大問題來了：你憑什麼偷拍。驚動警方也驚動家長了，一切更加複雜。你憑什麼搜看我孩子的錢包？私隱、人權、監控，什麼課題都來了，加在之前的種族、階級矛盾之上。真相’s a bitch, and very messy + difficult。

是的，在西方民主自由國家，偷竊當然是罪，但如何查案，很多界線和敏感地帶不能輕視，只有極權國家，才可以話搜就搜，先定你罪有乜同法官講。

Carla 好心做壞事了？自己由包公，成了不當攝錄的「被告」。校報訪問她，又被出賣，這個從從波蘭來德國的新教師崩潰了。一切、包括真相，陷入失控。

拍攝的本意，自錄“CCTV”是紀錄真實，校報，新聞報導也是求真，然後新聞調查中有“off the record”（a communication that may not be publicly disclosed）守則，和記者說了講明是 off record 的東西，決不可出版，學生是業餘的，因報道之名，爆料為重，然後學校覺得是醜聞，把校報禁了。又多一層權力之爪，多一多審查課題，人都癲。

求真，打這個大佬，要過的關從來不止撲朔迷離本身。就算沒有一個明顯的犯罪源頭，沒有聰明的掩飾罪行，剖開真相從來是四方八面的牽一髮動全身，不過是抓小偷，誰想過是拆核彈一樣觸目驚心。還未計疑犯兒子作為學校學生的傷害和反叛，為了真相，沒有人可以全身而退，有沒有人是無辜的？

兩套電影，提醒及鍛鍊我們，真相沒有小說那麼戲劇而必然，兩套電影，最後都沒有真相答案，誰是兇手／小偷仍然是個懸念。當原料只有主觀濾鏡下的「事實」，就湊拼不出資料齊全的客觀真相。

看畢兩套電影，知性上得到極大滿足，欣喜、又惆悵。對於真相的思辯世故練達，比起《羅生門》又昇華到另一境界。一人有一個版本，芥川龍之介 提出謊言所在乃軟弱所在，人為了軟弱所以扭曲真相保護自己，是一種有意識的歪曲，他們知道自己在說謊。（真相還在）

兩片的詮釋更成熟，視點局限數據，情緒影響判斷，記憶會有偏差，真相更多時是在不自知之中偏頗，很多人卻是死硬的偏頗真相啦啦隊。求真所在，也是偏見所在、自以為是所在，他們不知道自己在說謊。（真相不在了，還要牽連甚廣！）

當然，篇首說人類有進化，也只是一部分，會拍這些電影，和反省到這一課，可以應用到生活的人。

08 弱勢無聲

✳

看一個地方文明與否，胡適說要看三件事。那個地方怎樣看待孩子，怎樣看待女人，怎樣利用閑暇的時間。

在他那個仍嚴重封建的世代，孩子和女人都處於社會的弱勢，如果一個地方連弱勢都得到尊重、機會和保障，就是文明。

所以不一定是「孩子和女人」，看一個地方的文明程度，先看它如何對待弱勢、小眾、無權者。

《年少日記》、《富都青年》、《白日之下》三套「慘片」，說穿了都是弱勢之悲、文明低落之恥。

真人真事改編，一個報社偵查組記者，收到院友被虐待的線報後，放蛇潛入，揭發殘疾院舍的監管問題，暴露一個所謂國際都會，光天化日之下，老人、智障、殘疾人士飽受的非人道對待。

居住環境差、膳食劣、被捆綁、被虐打、被性侵，被遺棄，沒有尊嚴的存在，完全是一種存活欺凌。偏偏，對於活於欺凌下的人，如此又可能比起無處容身，流落街頭好一點點。

是有心為弱勢發聲，揭露社會陰暗面的有心作品，但未算出色，人物都寫得偏向平面、典型，由主角女記者（余香凝）、到幾個主要角色，都欠立體和內在質地，功能多於人性。我不能說影片很好看，但新導演，又有誠意，仍然鼓勵大家在明知有所不足入場支持。一位前輩看完和我說「無辦法，收順啲啦」，我們相視而笑。

仍是劇本問題，算不上抽絲剝繭層層深入，冇人性的揭露未見張力，反而chok金句、灑狗血的壞習慣不脫，尤其露天為院友洗澡那場。整體表現是三套慘片的季軍。

點出一個問題，暴露一個問題，卻沒有尖銳地批評到問題要害。

社會福利資源被用作牟利，把院舍牟利未可厚非，不作慈善作生意，就要賺到盡不把院友當人就是那些經營者之惡，他們的剝削才是大惡之本，卻落墨和鞭打都不深。

把社會福利外判，監管不力，政府絕對責無旁貸，這些慘事如果發生在日本，收俸祿的人不切腹都得引咎辭職了，然而這裏把惡留在表層，院含施虐施暴的都是壞人，但更大的魔頭呢？

鄧小平有句說話：「好的制度，讓壞人做不了事，壞的制度，讓好人做不了事。」

余香凝好戲，但可演之戲有限，唯她的確帶出了這些問題：「十年後仲有無記者？」「三年後仲有無偵查組？」必須盛讚本片問了這個重要問題，因為制度潰爛，需要被挖出來，在白日之下被看見，才有機會令社會改變。社會不會即時改變，問題不會容易解決，但文明的墮落，躲在暗角則永不翻身，第四權之存在，是壞制度之制衡。

影本最好看的角色，不是女記者，不是姜大衛，不是胡楓，不是任何一個院友，是鮑起靜。一個記者母親角色，真實、自然、有她的掙扎遺憾，盡力做好自己，做好本份，不妄自菲薄，不說教不討喜，「人老了就是包袱！」她對上一代、下一代，盡力無愧於心就是了。

有說林保怡演得出色，對不起，不敢苟同，看他如此用力，近於尷尬。反而龔慈恩繼續保持亮眼綠葉保證，譚玉瑛姐姐客串短短一幕，亦是亮點。

一個地方的文明，看那個地方的人怎樣利用閒暇的時間，與愛因斯坦說人和人的差別在於業餘時間，不謀而合。有餘閒，用來講是非，用來嫖賭，用來研究學問，用來令自己更文明、自己的城市更文明，當然最好。問題是文明的空間而已，如果記者沒有空間，質問壞制度再沒空間，文明還剩幾多寸土？

09 真正壞過凱婷

✳

一位中一女生的潮文，一句「F.1女仔最壞係我同凱婷」，令「壞過凱婷」成為「00後」熱爆潮語，代表壞中之最，壞的極致，壞得方圓百里都無人能及。她更恥笑同學連「連續食兩枝煙都做不到」，是連車尾燈也見不到的距離。

多麼理所當然，又平凡，甚至稚嫩得可笑。無害得令人放下防護。我卻在《波斯密語》和《惡與他們的距離》中，看見類似的一臉無辜，和它可怕的殺傷力，驚心動魄。就是那麼平庸無害，才害人不淺得見血封喉。The chill is in the detail。

實不相瞞，「平庸之惡」（the banality of evil），常常令我覺得可厭得噁心。那些事不關己，唔知咁多，唔關我事，唔識政治，還有那些在建制之中，唯命是從，出糧放工，純粹執行公務的人。二次大戰時期，還有極權國家如伊朗，平庸惡人像細菌一樣滋生。

政治思想家漢娜萼蘭（Hannah Arendt）把罪惡分為兩種，一種是極權主義統治者本身的「極端之惡」，另一種是被統治者或參與者的「平庸之惡」。二者之中，後者又比前者遺害更深更廣、更惡更毒。一般定義，對顯見的惡行不加阻止，或直接參與，就是平庸之惡。

Adolf Eichmann，納粹德國的高官，猶太人大屠殺中執行「最終方案」的劊子手，被稱為「死刑執行者」。他乾淨、正常，斯文，萼蘭在他身上完全嗅不到殺人魔的氣味，最可怕是他"neither perverted nor sadistic", but "terrifyingly normal"。他唔用腦，不拒絕，上班殺人，下班回家，食飯瞓覺。一個二次大戰種族滅絕，得一個大魔頭的希特拉，成就了他的萬世大業。一個邪惡的建制，齒輪之中有幾多「平庸之惡」，為不公義和泯滅人性助燃。

《波斯密語》寫絕境求存，猶太人 Gilles 假扮波斯人，日夜出盡吃奶之力教德國軍官 Koch 波斯語，像《一千零一夜》一樣，分期付款為自己換續命可能的故事，二人亦敵亦友，彼此亦危亦機，反轉豬肚的感情線固然寫得好看，但令電影更立體、更可恨，令人性更真實賤格，卻是集中營中平庸的男女小兵。

他們在權力食物鏈的下游弄權，無權無勢興波作浪，換扭曲的存在感。例如刻意給 Gilles 逃跑的機會，好製造自己射殺他的行刑理由；或背後播弄是非，誓要把無仇無怨的猶太人置諸死地。這些平庸的兵，自己學歷不高、能力不高，卻忽然有了「本事」，行使着低級的權力，自瀆於低級的優越，也攫取額外或肥厚的報酬，有時只是幾罐肉罐頭。他們未必有大志殺絕所有猶太人，但能連續害死兩個，就是他們在其他人面前炫耀自己「媲美凱婷」的 benchmark。

《惡與他們的距離》更加把極權中的平庸，拒絕服從，代價，和決心一一呈現。四個單元，第一個就是最典型的平庸，每夜按掣殺人的小職員，他只負責按掣。日間，他是個普通、孝順、和老婆買餸、給女兒買雪糕的爸爸 / 老公 / 兒子。他卻沒有想過，極權政府讓幾多人不能當兒子 / 老公 / 爸爸，他殺了幾多個兒子 / 老公 / 爸爸。

四個故事有長短，第二個關於拒絕平庸、拒絕惡，最好看。你需要勇氣、運氣、同黨、計劃、決心，還有對不可預知的未來無懼，以現在及以後無悔作支持。四個故事，稍嫌描繪平庸的篇幅有些過長，可以更加簡潔。第三個單元，那壞過凱婷的小兵，一開始在林中沐浴，多麼無垢，之後發現自己殺了不該殺的人，便不停在河邊「插水洗臉」，但永遠都洗不掉滿身血腥，最諷刺。

他們，平庸、邪惡，就是畫家陳丹青說的：「一切都很反常，昧著良心說假話的人，生活過的有滋有味；尋找真理追求真相的人，卻苦不堪言！甚至還有失去自由的危險。因為站在你身後的，不是一些追求自由人權的人，而是一群沒有思想，沒有信仰，沒有良知，沒有追求，沒有底線，貪婪無知冷漠的低級動物。最可恨的是，他們已經習慣了這種高壓的生活，你本想拉他一把，讓他站起來做人，他不但不會感激你，還會辱罵你，認為你是神經病」。

集體信奉平庸，執行極權，和我沒有能力拒絕，仍成「活下去就好症」，「然後不反抗，不懷疑，承重，然後忍著。最後如果你腦子很清楚，你就發現，我他媽不就跟條狗一樣，就只剩活下去這件事情，其他我都沒有權利。」

滔天罪惡之中，只有一個希特拉，卻有太多壞過凱婷。魔鬼不在細節，在平庸裏。

03

紀錄魂

＊《尚未完場》*To Be Continued*, 2023

01 給幾多歲仍願意聆聽和學習的你（一）

＊

她叫阿聆，聆聽的聆，聆訊的聆，大概是有原因的。

「我哋公開放映都有通知佢，叫埋佢同屋企人嚟參加嗰個在學校舉行嘅感恩大會（誓師會？）⋯⋯阿聆阿爸、阿媽同細佬都有嚟，仲恭喜我哋，所以我哋覺得好開心啦，吖，覺得呢件事係圓滿結束。」張婉婷導演親口說的，用她一貫的腔調（介乎天真與 self righteous 之間）。人家阿爸、阿媽同細佬都有嚟，她解讀為「呢件事係圓滿結束」。我嚇到哇了一聲，literally 叫了出來。

全家都來了，唯獨她自己沒有到，竟然仲睇唔到有問題，反而係睇到冇問題！真心驚。我知世事從來不止一面，羅生門在竹林中誰看得清真相，但阿聆堅持缺席誓師會，根本就是很大的訊號，再加上之前她已明確表明「如果校方和拍攝團隊堅決要對外放映的話我不能同意，並要求導演把我的相關片段全數剪走」，還可以被理解為「圓滿結束」？

她盡了最大努力去溝通，兩大訴求（不開放公映、把她的部分全數剪走），據理力爭，一直在對牆說話。與其說是「溝通誤差」，不如說是溝通不來。丁蟹從來無分性別、職業和學歷。給傳媒寫萬言書，已是無計可施下的最後辦法。她已經盡量尊重校方和拍攝團隊的了。萬言書行文之間仍非常尊重張導及母校，為了尊重她，為了對事和反思，亦毋須把兩個單位太過妖魔化。

但聽了阿聆這方的說法，會發現這位年輕人處事成熟，並盡力顧全大局、又一直努力配合，願意妥協，包括「在觀看電影前沒有很強硬的反抗公開放映是因為校方代表及導演以此片能對他人有正面影響等原因循循善誘，我亦認為我應該先觀看電影才能評估我能否接受讓校外的人觀看我的片段」，她是看過之後才作出最後決定的。

她一直有為紀錄片、校方、拍攝團隊設想，反而對方口說有，實際上漠視她的要求及感受；及至她向「校方提供的心理醫生求助。心理醫生診斷後也表示以我的狀態，電影是不適合進行公映的」，手握作品及別人私隱的一方，還是一意孤行。

再來還有「張婉婷承認阿聆冇簽第二份同意書：以為佢經過 6、7 個月心情已平復」。又是以為，沒有聆聽。人家都用言語、用行動來一再說明了，仍然「自以為」。

好友 A 稱之為「永遠的老鬼視覺」，活在自己的 bubble，只看見自己想看見的，盲點大過眼球而不自知。我無意又用老海鮮 VS 年輕人的對立來說，「老海鮮」這個詞有點妙，老，是可以鮮的，從來沒有人說倪匡是 old seafood。是丁蟹視覺無誤就是了。

至於紀錄片倫理，也是存在的，香港少有討論關注而已。多年來，香港有幾多人留意過、思考過、理解過紀錄片這回事？本地連「電影工業」、「電影學術」、對於紀錄片的討論也是極少的，在連常識 / 知識也非常薄弱的前提下，文化評論和輿論的底氣和基礎是淺薄的。

紀錄片是：“Non-fictional motion-picture intended to “document reality, primarily for the purposes of instruction, education, or maintaining a historical record”。

紀錄真實，保留歷史。不是純創作。

紀錄片導演都明白，最低介入、最少干預，是基本。但只要導演在現場，給拍攝了的東西取捨、剪裁、定一個結尾，都是介入。所以創作者不應偽裝什麼客觀性，受眾也明白導演的存在，理解到真實曾被整理，但人為因素盡量減到最低。

國際知名的日本紀錄片導演想田和弘，以創作「觀察映画」馳名，著作有《這世上的偶然：我為什麼拍紀錄片》，探討了紀錄片的倫理與禁忌、紀錄片的美學與技術發展、客觀真實與紀錄片的關係和著作權等重要話題，有興趣的朋友可以一讀。他堅持「不寫劇本。作品的主題和結局也絕不在拍攝前或過程中設定」，剪接前也不預早設定，原則上不使用旁白、說明字幕和音樂，因為這些（當然也看怎麼用）都可能引導了觀眾的理解。然而他也明白保持中立，和製造中立，是截然不同的。

再看拍下了紀錄片經典系列《The Up series》的 Michael Apted 說自己的拍攝宗旨，是“keep my presence away”，他不要自己的任何存在，吸引任何視覺上的注意力。即使紀錄片自 1964 年始、每 7 年紀錄了同一班人的成長推新一輯，到了 2019 年孩子已由 7 歲變了 63 歲，他依然強調：盡少旁白、不必配樂、拒絕新科技的花俏。

為了紀錄真實，盡力客觀，想田和弘認為紀錄片是「捕捉偶然事件的連續性」，「由相遇和時機支配著」，於是乎時常有 Patron 問我紀錄片成支鏡頭棟喺度，如何「確保電影真實」，被拍攝的會否「裝出和平時不一樣的模樣」？

最老實的答案是：無法保證。只有盡量真實。被訪者、參與者，不是演員，於是也有關於不能收取報酬的討論。鏡頭下的一切是「自然」發生，真實經過，但如果要最純粹的捕捉，可能要 CCTV 的片段，車 cam 的冷旁觀了。

「如導演把自己對主角的 FF 放了進去，甚至用劇情片的方法呈現」，那就要看其程度是否手影過重了，參與及播弄程度太高之辯論了。對於「正宗」紀錄片手法規範不太嚴謹的，認為

“docudrama”也是可以接受的。

有關紀錄片之倫理，American University’s School of Communication 的 The Center for Media & Social Impact（CMSI），有非常值得讀的一篇：Honest Truths: Documentary Filmmakers on Ethical Challenges in Their Work

https://cmsimpact.org/resource/honest-truths-documentary-filmmakers-on-ethical-challenges-in-their-work/#ETHICS-AND-DOCUMENTARY

02 給幾多歲仍願意聆聽和學習的你 (二) 每人都有一把尺

✳

黑格爾：「公共輿論中有一切種類的錯誤和真理，找出其中的真理乃是偉大人物的事。」

我們很多時不需要偉不偉大，但把重要的事情越辯越明，找出錯誤和真理很需要。

關於《給十九歲的我》，除了有很多反對聲音，實在有不少支持的意見，陳沛然醫生在他的 patreon，整合了一系列正方代表的論點，免費任睇，包括：無合約精神、電影拍攝一定有踩過界、左膠、浪費團隊十年時間和心血、阿聆遲唔講早唔講、突然先講、好有意義、大局著想等等；正方代表人物有林作、黃秋生、陶傑、屈穎妍等等。（上述大部分論調，陳仔醫生亦都已在他 patreon 技術性駁回。）

當中還有「未睇過戲冇資格講」、網民在「批鬥」等等，希望擲出來淹熄一切討論聲音。

好在香港人久經語言偽術地獄式訓練，邊有咁易領嘢。

「未睇過戲冇資格講」？咩邏輯。依家講紀錄片倫理，講出賣受訪者不願大公開的個人私隱，講擁有權力一方，如何對弱勢一方的強烈訴求視而不見，拒絕聆聽 no means no，內含剝削和消費（未成年孩子），並不是要評論紀錄片本身。不論作品拍到識飛或者割凳，都不會令 the ends justify the means。

影片甚至不是關於公共議題，又不是講剪鋼筋短椿，是幾個女生的個人成長，沒幾多公眾利益，暴露受訪者表明不想被暴露的，最大得益只有電影本身。見到不公義出聲、有意見，根本唔需要睇過套戲。

至於「批鬥」這頂帽子，已經被扣到末期言不及義，「公共輿論中有一切種類的錯誤和真理」，如果所有批評都不容許，就連當中辯明的真理都會被活埋，那是極權才有的特權。

洶湧的群情中永遠有過火的言論，但今次眾聲不乏對事不對人的合理反思、倫理辯證、世代思潮衝突的分析，點解唔可以公眾討論，絕對可以。（維護張氏的論調中也不少精奇偏頗之說，互相抵銷各自表述而已。偏頗之程度，連前港姐陳潔玲也忍不住出來說：「對發聲少女們施行 DARVO（deny, attack, reverse victim and offender），再來一招人格謀殺和道德綁架。原來阻止套戲公映，會妨礙香港民主發展，繼而成為千古罪人咁恐怖㗎？真係睇閃靈都冇咁驚慄心寒。」）

敢說大部分出來為女生說話的，本來都與張婉婷無仇無怨、亦不相識，竟群情洶湧，你估大家好得閒呀？說穿了不是因為張婉婷「呢個人」，集體去否定的是張代表的「呢種人」，這種擁有權力，挾「為你好」之名、因慈善之牌照為所欲為，聽而不聞的人。此處無意討論她個人本質的好壞，我一不認識二沒資料三沒興趣，但「呢種人」香港人見得多，亦受太多，問題不是「呢套戲」，是「呢種事」。

中學一位老師說過：「去地獄的路是好心的人舖出來的」，這個古龍式道理我當時撼動，長期深省。他說惡人知道自己在做壞事，殺到第100個人都會手軟，但「好人」硬認為自己在為國為民，可以濫殺到第100個也亢奮堅持，含辛茹苦。香港人就怕這種為你好的暴力，比你懂的壓迫，卻漠視當事人真正的意願，這也是很多威權政府、企業、父權家庭的常態，充滿盲點大過眼球，偏執性聆聽障礙的好人。

再說就算要「睇過先有資格」評論倫理（笑得我），這個入場門檻我亦過到。

影片我在評論學會給它獎項之前觀看，背後的一切不情願、操弄、誤解、爭議、擺佈、製造劇情，都未公開。以影評人角度，不論當天還是現在，我的看法都是一樣的：影片不錯，但不是我的最佳，於我《流水落花》和《窄路微塵》縱各有不足，都在它之上。

看畢全片，我即說了：「果然是英華唱好自己的propaganda，也無可厚非」，自己出錢拍自己，「用愛浸死」誰，期望會有批判性嗎？別傻。不太肉麻、不太說教、有點張婉婷簽名式的「娘」也就是了。它紀錄了不同孩子、不同家庭、不同家長、不同理想、不同性格的成長陣痛和青春之騷動，意料之外是剛巧紀錄到香港幾件劃時代大事如反國教示威、2014 年雨傘運動及 2019 年反修例事件，雖避重就輕，但沒塗脂抹粉，令大家有種禁忌呼吸到空氣的難得和感動，共見天日下忍不住大力叫好。

但作為紀錄片，導演的手影是重的，介入和導向性都強，接受和喜歡與否，看每個人對於紀錄片手法的準則和尺度了。

前一篇我寫過知名日本紀錄片導演想田和弘的「觀察映画」創作觀：不寫劇本、不作設定、盡少引導；還有《The Up series》的 Michael Apted 之拍攝宗旨是"keep his presence away"。張於《給》的 presence 對我來說是太重、ego 亦大、對於未成年的女學生，為了她要達到的好看，設定很多、播弄很強，機心很重，所以不會成為我的最佳。

但這只是創造取向和手法問題，未至於是錯誤，敏感的人會不舒服，幸未至於過份。當她在拍 Docu-drama 或 Drama documentary 也是可以的，不必太深究，也不必以此去否定作品。

如果你問我，有沒有一些時候，可接受紀錄片重手播弄、引導力強、甚或暴露受訪者不願披露的赤裸？有，就是當紀錄片的議題關乎很大的公眾利益，當重手是一個 style 去 provoke，又或者被暴露一方擁有很大的權力，隱瞞了一些醜聞，公開有一個迫切性（Michael Moore 紀錄片的爭議性和影響力也在此），但也要視情況而定。如果是關乎受害者、受訪者私隱的，沒有互信同意決不可擅自展覽公開是基本的。（這點遲些有機會可用奧斯卡候選電影《She said》去進一步說明）

如果有誰還未明今次「19 歲風暴」的原因的話，我告訴你，就是：每個人對於倫理、道德、私隱、權力、自由意志、尺度不一、boundaries 不一的問題。標準不一，就是分歧所在。

再簡單一點說，不用「紀錄片」、「私隱」這些字眼，試着說這些是女生們的「個人影像日記」，是否明晒？有人不願日記給全世界看。

每個人在日記有什麼話說，有什麼發洩、有什麼情緒，都是私密的，有人不介意貼堂，有人不願私人生活被消費。曾經願意給你或一部分人看，亦不代表永遠願意。長大後發現日記由客觀紀錄，變成導演代筆、執手寫作、或間中眉批，亦會抗拒。

為你好就可以看你的日記，屬於上幾代、舊華人社會的封建思想，幾多父母師長覺得睇仔女學生日記手機冇問題，生得你出，入佢哋房點解要敲門？再加上慈善之名、大局為重、十年心血，一個個十字架責到女生動彈不得。

但時代改變、價值觀進化、自由意志更加被尊重和擁抱，更文明的父母，再好奇、再支配欲強，都不再覺得自己是仔女的上帝。以前過年家長可以把子女的家事拿出來當茶點招待，口沫橫飛，今時今日把其 BB 裸照分享都要三思，亂爆仔女私事可以反面。

時代不同、倫理更新了，於是 boundaries 也重劃。

以前，世上沒有私隱條例，未有私隱專員公署，電話簿可以詳列市民的姓名（地址？）電話，現在呢？

有些人的倫理和界線還留在昨日，不察時代的進步，不理孩子不一樣的意志和價值觀，就是衝突所在。不是對錯問題，不是黃藍之別，是大家把尺很不同。

倫理和界線還留在昨日，因為懶，因為不敏感，也因為這樣對他們有利，也是很多老海鮮令人討厭和過時之弊。

孩子小時候，邊個唔係任你舞，家長權、師長權威是否用盡，同理心、慈悲心各自修行。細路長大了，尤其新世代，越懂行使自己應有的自主權。說穿了是父母、師長、學校如今懂不懂、會不會尊重孩子也有的權，不同階段更多的權。兩代之爭，也關於放權與還權，但有人總喜歡專權，「威人威威繼續威」。

但佢哋反悔喎！係，是她（們）反悔，她們有這個權，日記是她們的，私隱是她們的。這是 boundary，不能共產別人的日記。

莫說當年簽的「同意書」太粗陋，張婉婷說是「保障各方」堪稱語言偽術，大家讀一下會發現那張紙非常不平等，冇一隻字保障受訪者，她們只有義務，沒有權利，上面連 Exit Clause 都沒有。難道哄了你上船，就唔使旨意有商量或退出餘地？就算是莊嚴的婚姻，承諾守不了，人變了，在關係裏好痛苦，都可以離婚啦。你多愛我，結了幾多年婚，都可以放生吧。（以前係唔准離婚，現在單方面離婚都可以。）

張導常說，放映了沒有聽見很多負面，如像說你本日記很多人睇完都冇唔鍾意你，但阿聆就是說：「我唔想俾人睇。」你說睇咗冇壞，我堅持唔想公開，loop 死。也就是那些聽 9 言論問：「你睇過套戲未先？」睇咗，先有資格論它應不應被公開，大佬：人哋唔想公然攤開本日記呀!! 點解你去幫佢決定，或用輿論去 override 她的意願？

說導演有最終決議權、剪接權？係，是基本，很應該。咁你有權用唔用盡？人哋義務的，心理狀態負荷不來，你當睇唔到？美國的《Documentary Filmmakers on Ethical Challenges》之探討，有導演這樣說：We say to our subjects, We are not journalists; we are going to spend years with you. Our code of ethics is very different. A journalist wouldn't show you the footage. We will show the film before it is finished. I want you to sign the release, but we will really listen to you. But ultimately it has to be our decision." In some cases I will say, "If there is something that you can't live with then we'll discuss it, we will have the argument and real dialogue. In the end, if I can't convince you then we' ll take it out"。

你唔肯 take out，又係要公映，大眾就看見不公義了。

睇你把尺係作品緊要定人重要矣，權重要還是人情重要。（有社工朋友說，之前心理醫生評估過影片不適合公演，都照去馬，聆沒有自殺或什麼是幸運。）

「咁仲有人拍紀錄片嘅？」我肯定的答你：廢話！

一定有，有心人和野心人永遠常在，前者排除萬難為了紀錄、inform and educate，後者傾力上位出頭賺名氣。把基本倫理操守釐清，把各人的尺度盡可能調得一致點，只會是進步的開始。否則永遠停留在又要合約、又要保險、又要安全，還有人拍電影、做特技的醬缸之中。外國那麼重私隱、弱勢權、工業安全，還不是電影工業蓬勃、而且強大？

有時，香港人呀，吸一口氣想想，我們曾經自以為自處的城市那麼國際，其實文明離我們多麼遙遠。

03 給幾多歲仍願意聆聽和學習的你 (三) 不能錯的 Boomers

✳

余迪偉轟艾粒 U boys 長年取笑他的性取向及擅用他的私照事件，極快便平息。沒有所謂「網民追擊」、「人格謀殺」，為什麼？因為做錯了的很快出來承擔責任、承認過錯、真誠道歉。

沒有找藉口，語言偽術，暫緩取笑他的性取向，或說 the 歧視 is dead，而是「鄭重地衷心道歉」，更改內容（撤回擅用他的私照），並以此為鑒。

錯就要認，歉係咁道。當事人收貨、群眾收到，完。

張婉婷的「焓十九歲的我」卻一直發酵，腐爛不止，因為直至最後一次公開回應事件，她都沒有好好承擔責任、承認過錯、真誠道歉。她還停留在自己的道德高地 fairyland 迷失方向，挾做慈善和為你好之名，唔知衰乜。一切問題只是「理解落差」。

大概在石器時代，有個叫成龍的人有婚外情，搞大咗人哋個肚出來道歉，說自己：「犯了全天下男人都會犯的錯。」完美示範最傑出道歉災難，既無悔意亦不知恥，又把全天下男人都拉下水，一個不留。香港人和他對道歉這回事確是有理解落差。

阿聆說「自己都從頭到尾都不同意自己的片段公開播映」、李慧詩說自己「被出現」，其實都沒有什麼可以理解錯誤的空間。阿聆的阿爸、阿媽、細佬有去參加「誓師大會」的放映，唯獨阿聆沒去，她竟然「理解」為阿聆沒有問題了。我阿爸阿媽細佬都睇 CCTVB，你就屈等於我都睇。明明我冇睇喎，仲同你講我從頭到尾都不看 CCTVB 的。Hello，咁都收唔到？

然後還有一堆人為張護航。都覺得她沒錯，都是 boomers。用「天真」、出到「她是長者」去為其開脫也是另一種偽術。她錯了「但」只是因為她天真，大家群起指正「但」忘記了她是長者？天真就可以錯，長者唔可以話？真正的承認錯誤是沒有「但是」的。

長者、boomers，都會錯的吧，不懂 own their mistakes，都不能錯。他們好像特別沒有面對錯誤、坦然道歉的能力。像一種集體故障。他們的成長，做就了他們沒有自省能力。

其中一個例外可能是陳冠中，他在《我們這一代香港人》中提到他是屬於香港的嬰兒潮，指的是 1946-1964 年出生的一代。

「連人口結構都偏幫我這一代：我們前面沒人。

就是說，嬰兒潮一代進入香港社會做事時，在許多膨脹中和冒升中的行業，他們往往是第一批受好教育的華人員工，直接領導是外國人或資本家。我們不愁找不到工作，我們晉升特別快，許多低下層家庭出身的子女憑教育一下子改變了自己的社會階層，我們之中不乏人 30 來歲就當外企第二把手。

似乎不論家庭或學校、文化或社會，都恰好替我一代做了這樣的經濟導向的準備，去迎接隨後四分一世紀的香港經濟高速發展期。

我們這批人不知道自己的運氣好到什麼地步，其實並不是因為我們怎麼聰明，而是因為有一個歷史的大環境在後面成就着我們。香港是最早進入二戰後建立的世界貿易體系的一個地區，在日本之後便輪到我們了，比臺灣早，臺灣還搞了一陣進口替代，我們一進就進去了，轉口、貿易、輕工業加工代工，享儘了二戰後長繁榮周期的先進者的便宜。另外，大陸的鎖國（卻沒有停止以低廉貨物如副食品供給香港）也為我們帶來意外的好處，這一切加起來，換來香港當時的優勢。我這批人開始以為自己有多厲害、多靈活、多有才華了。我們不管哪個行業都是很快就學會了，賺到了，認為自己了不起了，又轉去做更賺錢的。」

他們成功慣，成功得容易，自視很高，他們前面沒人，他們不會錯。

他們的上一代，大部分讀書不多，阿爸阿媽會認為自己學識少，長大後他們的父母都聽 boomers 的話，養成想當然的自以為是。廣東歌、電視台、電台、港產片等等，他們「前面沒人」，享受着 on the rise 的經濟和文化騰飛。他們前面沒有 old seafood。威晒、威慣、不會錯。

那一代人被時代順境及條條大道 conditioned 出一種長期的自

我感覺良好，Ego 練成。Boomers 的腦袋結構與正常人不同，可以只看見自己想見的，對不方便自己的事實，扭曲成便利自己的理解，精刮利己等於靈活變通，在朋輩中複式循環自得自 hi。他們幾十年游走於社會很多無人駕駛的灰色地帶，電影行冇合約、冇保險、冇糧出，開工先啦是為 can do。演唱會製作冇時間綵排、冇時間試機關、冇嚴謹安全標準及監管，過咗海多次又一批人神仙，出了事還可以冇問責，匪夷所思。活到今日，Boomers 不會慶幸自己曾在幾多自由幾少紅線的空氣下風雲際會，卻塞在前頭指指點點。

陳冠中說：「我並不是說我們不曾用了力氣，我想強調的是：這一代是名符其實的香港人，成功所在，也是我們現在的問題所在。香港的好與壞我們都要負上絕大責任。」

我才不會像 boomers 那麼武斷，眾所周知我也有可愛開明的前輩朋友仔，他們都可以沒有 boomers 的很多習性，他們會學習、會身段柔軟，對年輕人寬容愛護。

就像外國老人，也有像倪匡一樣不 seafood 的。《Up Series》的導演，比張婉婷大 9 歲，2 年前他過身時，我讀着《金融時報》

他的 obituary，感歎我心愛的紀錄片在《63 up》之後何去何從。但他幾十年來是如何待他由 7 歲開始拍攝的小孩們的？他意識到也承認孩子們會長大，從他一人主導，到他們 14 歲、21 歲……他慢慢讓受訪者“took ownership”，紀錄片不是「Michael Apted 作品」，紀錄片是大家的，他們可以有意見。一路走來，他身為導演，也讓越來越大的孩子們知道更多，他願意“share matters”，不會導演自尊獨大，受訪的連影片都沒得看就要出街。

他的改變也是要通過覺醒和反省的，他曾表示自己有過扮演上帝的傾向，後來更覺今是而昨非，公開表示那是錯誤而愚不可及的。

如果賢達學系人士，還要用 Boomer 邏輯去淡化張婉婷的錯，合理化她的盲點，那只可以告訴那些不論年紀的人，有時，天真有害。一個人錯，不論她 / 他是否你朋友，都是錯，一個人錯，不論她 / 他是否長者，都錯。今次《給十九歲的我》的導演，不論是 72 歲還是 32、42 歲，當中的不公義是一樣的。

也沒有人要把英華妖魔化，它是出過一個鄒幸彤。

04 令香港有型的人

✳

一年你大概看多少部電影？最保守估計我至少 120 部，一個月 10 部很基本，再加上每年看音樂、舞蹈、舞台劇、歌劇等等的表演，不論在外地旅遊、旅居都一定看，幾十年如是。我每年、一生花在影院、劇院的時間，不比待在餐廳吃飯少幾多。

皇都戲院在我回憶裏是有溫度的，不算很私密，但有過交往相處。它的拆卸及重建新聞，總會牽動我一點。

但它終究不是利舞台。曾寫過「我的故鄉是銅鑼灣」，住在旺中帶靜的一帶，利舞台有我最重要、最多的成長和電影印記；此外就是翡翠明珠戲院和碧麗宮。任何我想看的電影，如果離家最近的戲院都沒有上映，我就看中環皇后、或北角皇都戲院有沒有映期。皇都變成了我家久不久也會去看電影的影院。

記得中五畢業，最後一天上學、最後一次穿校服、放榜前（我的中學，中六及中七的校服是不同的），和一班同學去了皇都戲院看電影，應該是恐怖片。（我還有一位同學住在皇都樓下，該是同一幢大樓？我有去她家玩。）

那時沒有想過它有被廢棄、被拆卸的一天。儘管那時戲院已不算特別光鮮了。

但我都不知道原來它有前身，且是那麼巴閉的「璇宮戲院」，更不知道璇宮那麼厲害，在香港有如此重要的文化價值和歷史意義。

戲劇是硬件，重要的始終是軟件，是人。像一個地方、一個城市是硬件，由裏面的人怎麼運作，軟件什麼水準，決定了它的優劣盛衰。

歐德禮（Harry Odell）是璇宮的創辦人兼軟件，真是有眼不識，多謝《尚未完場》為香港這片那麼重要的文化歷史搜挖補白，讓我們可以認識這香港一代風流人物，他，有份寫下香港的風流名句。

紀錄片如一次旅程，大家跟導演（也是導遊）一起去尋找「歐德禮是誰」，一絲絲一點點埋藏了的憶起，一幅幅一聲聲又復燃起。

這猶太裔香港人太可愛、太傳奇，一代娛樂大亨（Impresario），在那老遠的年代，大半世紀前，隻手把香港放入世界最頂級的文化表演地圖裏。不講不知，原來我們的香港，早在 50 年代，當一切紀錄還是黑白的那些年，大量世界最頂尖的古典音樂家和西方歌舞表演團，已應邀來香港演出。

就在璇宮戲院，晚上有著名美國小提琴家 Isaac Stern、法國大提琴家 Pierre Fournier、西班牙拉丁舞曲大師 Xavier Cugat 等等，全部一代宗師，全球最 top-notch 的音樂界、藝術表演界殿堂人物，都來香江、為香港人表演。更有趣、吊詭、過癮、且非常香港的，是這劃時代的戲院，白天上映的是黃飛鴻和林黛電影！（是用通俗養文藝吧，非常 be water）

這種東西融合，雅俗兼收，包容並濟，精神分裂，靈活寬通，非常香港，怕且也 only in Hong Kong！

歐德禮的香港故事，是我們太應該知道的香港過去，沒有這樣的人物，香港不會是今天的香港。他體現了屬於這片風土的 DNA。

一個俄羅斯猶太人，埃及出生，上海長大及受教育，漂流日本，少年時代移民美國，到過法國打第一次世界大戰，後落根香港，娶了個也是猶太裔香港女生 Sophie Rachel Weill，落地生根。Sophie 仲勁，1900 年生於香港，土生土長，兩夫婦在香港終老、安葬。有些資料我是看《尚未完場》後覺得有趣，自己再做 research 時在《The Jewish Historical Society of Hong Kong》（香港猶太歷史學會）找到的。

看 Harry Odell 的背景多麼國際，國際就在香港。70 多年前已是這樣。他一個外來移民，不但選擇以香港為家，為這裏帶來文化藝術和 glamour，還以商養文，虧本照做之外，更自願守護香港。日軍來襲時，他走去前線打仗，受傷成了戰俘。她太太便像電影情節一樣，和日本人周旋，在危機和險象中，賣珠寶、送藥物，出錢出力救老公、同時救了不少香港人。是歷史和她媳婦說的。

這樣一號人物，雪茄不離手，有他的猶太社群帶來的人脈、財富及經貿優勢，有風雲事業，也風雲一生，但他不是來香港攫取的，他有賦與、滋養、貢獻，為城市增值，令香港更豐富、更有魅力、更有文化。做過出入口貿易、股票經紀、電影發行、娛樂大亨、最後成為香港大會堂最重要的推手。因為文化表演，最重要有文化場地。

"An affable gentleman, never without a large Cuban cigar, Odell started a film distribution business after the war. By persuading internationally acclaimed artists to perform in the colony he effectively became Hong Kong's first impresario. Since suitable venues for the performing arts were scarce, he tirelessly lobbied the government for a permanent auditorium. As a result, the Hong Kong City Hall theatre complex was built. Odell's MBE was awarded in recognition of his contribution to the cultural life of Hong Kong."（Provided by Judy Green from The Dictionary of Hong Kong Biography.）

尋找 Odell，是尋找公道。一大片被遺忘但值得永垂史冊之香港文化歷史，軟硬件我們是這樣一路走來，我城的文化藝術生命，是這樣呼吸過、存活過、活色生香過、灰飛過。

多謝兩位導演徐岱靈（Dora）和祁凱達（Haider）的不甘心和不死心，拍了這適合所有觀眾、尤其香港人收看的作品，趣味、情味、歷史感共冶，更隔代傳承了歐德禮的香港精神，以另一種文化藝術，留存他的文化腳印。一切的資料搜集、整合、編排，海量的工作，找他的後人，只有癲佬癲婆的瘋狂和熱心可以完成，i tip my hat to both of you！

歷史不被湮沒，是一種選擇，因為有人不死心要把它留傳，發生過是發生過。話語權是自己爭取和創造，為歲月留聲，為存在留痕。有限空間，有限光年有限身，這不容錯過的作品，提醒我們有燈就有人，你不放棄，就尚未完場，此片為記。

05 好好珍惜許鞍華

✳

去年中秋節，阿 Ann（許鞍華）傳了一個短訊給我，是月餅的照片，祝“Happy Moon Festival”。咁 cute？她不可能知道我是中秋節生日的，我們又未去到連中秋這等「次要」節日都會互相祝賀那麼老友。果然，她接着叫我做“Hi Roland……”。

那時她剛榮獲威尼斯電影節頒給她的「終身成就金獅獎」，為免她再寫什麼我不應該看到的肉麻東西或國家機密，我有理冇理一股腦兒再三恭喜賀喜燒了大串爆仗擲回去，並告訴她我是畢明，不是 Roland，但中秋快樂啊。

她知道衰咗之後，先道歉，再傻勁如常說「錯有錯着啦！」回敬在下 Happy Moon Festival。你看，這活脫脫就是我們的許鞍華。是否太可愛了一點。

梅艷芳把自己嫁了給舞台，許鞍華把終生付託給了電影。文念中在許鞍華年過 70 之齡，記下了這段情繫大半生的香港姻緣，留下了一面文化、電影與時代環環相扣的鏡子：《好好拍電影》。

一個那麼重要的香港導演，她的故事，值得用 moving images 好好作傳，單是文字的話，辜負了她。香港，尤其如今這個時代，已經太多辜負。紀錄片重要，至少馬田史高西斯這樣認為，世上第一部電影基本上就是「紀錄片」，他說「Lumière 兄弟的作品是 documentary 無異，它紀錄了歷史，讓我們成為歷史的見證，可以觸及過去，模塑將來」，某程度悟已往之不諫，知來者之可追。

別以為你需要看過很多許鞍華電影，很認識她、很認識香港電影，才可以入場享受這作品。好的紀錄片，可以令對題材完全無知的人，在看過之後求知若渴，增添了立體深入的認識。就像非常好看的奧斯卡最佳紀錄片《Searching for Sugar Man》，看之前主角 Sixto Rodriguez 我屁也不懂是誰，看了之後立即找他的歌來不停播。

本片可以讓不熟悉許鞍華及其電影的，想好好把她的作品都看一看；認識她的呢，會有各自的多層會心和笑料。文念中告訴我，發哥在看本片時，是笑得最多最大聲的。

《好好拍電影》是文念中的作品，自然是文念中風格，他溫溫文文用小粉絲的崇敬，記下了 Ann 的歷史和人生。如果你希望有什麼尖銳的揭示、不為人知的揭秘，死心吧，但他沒有歌功頌德，選擇讓大家看見一個「人」。

她的家庭面貌，與爺爺、媽媽、弟妹的點滴，烏龍、書蟲、大心肝的湯底下，成長的悸動包括對日籍母親的身份矛盾和時代衝突的思考。大家都知道抗日的歷史，想想一個日本女人嫁給中國人，語言不通嫁雞隨雞來到澳門及香港，是什麼一回事。小小的 Ann 由對母親不理解，有心結，到後來才知她是日本人，明白了她的處境，解開了自己的 complex。原來《客途秋恨》是一次救贖和母女重頭細認。

人生在世，身在香港，誰不明白什麼叫身份危機，還有下刪的千絲萬縷。這想必影響了她整個人生對世界的知性基礎，種下她一早的作品便有社會感和時代反思，有別於同代大量商業電影。遠至《胡越的故事》、《投奔怒海》、中期一點的《千言萬語》，近一點的「天水圍上下集」，由越南難民的故事、香港的社會運動、到邊緣社會小人物的人文面貌，她都在為香港留下功課。在一窩蜂噱頭、黑幫、槍戰、武打、搞笑之電影黃金世代，她忠於自己。

許鞍華，就是好好做自己。陳果最一矢中的，Ann 的辛苦和難得，過人的成就和奇蹟，是她不朋不黨，依然健在，從沒埋堆，而不被埋沒，沒有死。那一代的新浪潮、淡出的淡出，北上的北上，她，依然活躍，不倦不休，作品的重要性和代表性有增無減。

你試試在香港電影史拿走許鞍華，立竿見影是整個工業的即時蒼白。儘管我認為《書劍恩仇錄》真的非常不好看，我尊敬的 Ann 應該因為愛情經驗太少太淺，實在無法拍得出動人的愛情故事。但人生 9 成時間在拍電影，她哪來時間談戀愛。

張學友在《男人四十》說，見到了「兒子」，他第一次覺得自己重要。一部部作品，是 Ann 為香港生的仔女，她是對香港電影工業非常重要的導演。好好入戲院，擁抱一下，珍惜一下，看看她為我們留下過的歷代風景。

06 讓光影隨風

✳

有人喜歡電影，有人喜歡喜歡電影這件事、這裝璜，有人喜歡告訴別人自己喜歡電影。有人默默虔誠地把生命終身付託給電影。

最近吃了一頓飯，同桌包括新相識的一個近十年才冒起的香港「名」導演，當年憑一齣成功的商業片打出名堂，從此片作不斷，水準牛皮飄忽尋底，大多矯扭作狀自作多才，有的更無愧一個「爛」字。

認識他頭 5 分鐘足以被那「full of himself」到你窒息的言行為之絕倒，討厭得叫人想逃想吐還不自知，你即時明白「片如其人」多麼誠實又公平，第一道菜未上我已想先走為敬。那討厭炸得我像遇上二百隻蟑螂，有的還會飛，和口沫橫飛。有人以為拍過一套賣座的電影就天下無敵才高百樓。

然後，看了《乘著光影旅行》，像清風掃過一望無際的麥浪，詩意，動人。關於蜚聲國際電影攝影師李屏賓的紀錄片，這個台灣光影匠師，它的電影生命軌跡，由台灣到香港再走向世界，合作過的名導有侯孝賢、王家衛、姜文、是枝裕和等等。一開始，他就告訴你電影和人情世態的互動雙向，這個世界的東西，「你不關心它，它是不會關心你的」。於是，他在生活中生命裏，仔細關注着微妙的光、影、色、調，變化曼妙。不是時刻想着電影，日夜念掛着場景的人，自己的筆記不會精到入微的考究着「令紅色華麗，黑色有層次」。

從年少青澀的小伙子，片場、實戰、歲月，提煉出偉大的光影大師，歐洲國家舉行李屏賓作品展肯定他的地位，但他每一寸身體語言，都驚人地從容、無我。Ego 大過天的電影人實太多，李屏賓偏偏在投入電影之中忘我，讓電影帶動自己，讓現場啟發自己，不強加太多自我下去，如英文片名說，隨風，因為自在從容。

永遠在光影 Odysseus 旅途上，他為電影付出了一切，包括了家庭。李屏賓喜孜孜給你看的私人錄像，捕捉了綠葉在舞，風在歌唱，還留心到某一刻葉子害羞了。

Home video 不是孩子擁抱爸爸，不見妻子溫馨家常，是：風和葉。當兒子在電視上看見爸爸拿最佳攝影獎，他怒得要立即關機。長期缺席的丈夫和父親永遠在征途，捕光捉影的日子，加州大火美籍妻兒在哪是否平安他不知；關掉手機在遠方開機拍攝，一 cut 機返回現實見大量 missed called 他急得慌了不知家中是否出了事。片中，他的妻子完全缺席。反而，同樣心存對母親的虧欠，他卻可以牽着母親的手，一起走過挪威的森林。到底，慈母手中線，是把孩子放出去；妻子指上套的婚戒，總盼望把丈夫圈在身邊。誠實得可愛甚至殘忍的他清楚知道，不為電影上路留在家中，他人生會很不快樂，如今他的選擇或許會令妻子很不快樂。他是知道的，娶了妻，其實娶了電影，自私也自疚。

人生，光影，取捨。有光，就有影，取是光，捨就是影，分不開。

07 三世情緣

✳

來生不做什麼人，原來那張黑名單很長。剔除了一個河蟹極權強國後也不易，幾近無處容身，淒涼得連吐一字粗口也乏力。看着英國著名舞蹈劇團 DV 8 的“Can we talk about this?”，大膽見血地串燒全球宗教性別政治的暴力歧視迫害殘殺時，你以為做北韓人、南非人、印度女人、伊斯蘭教徒容易？王國維說「偶開天眼窺紅塵，可憐身是眼中人」，大概要來生不做人。

我始終對「做中國人」感覺最強烈，三生三世都做中國人，會否認為上帝對你有點偏見？一個人活了一生像過了三世，在大陸，在台灣，在美國，不凡的女子，可愛可敬的作家：聶華苓。紀錄片，記下歷史，看完《三生三世聶華苓》，我很想很想叫所有的朋友，都去看這部電影。

她說自己「流亡了三輩子」，在那裏都是個外人。生於中國，因為時局因為戰亂，童年到13歲在日租界度過，一直在自己的國土上流浪，後一個人從偏僻的鄉下走很遠的路到鎮上上學，送到渡頭留在岸上眼前慢慢變小的母親，看着她一直在哭；大學一年級，國家抗戰勝利，國共爆發內戰，流浪沒終結，卻是另一個開始，在國民黨政府當過官的父親，她11歲時被中共紅軍殺死的，一家人便像很多人一樣顛沛地逃難到台灣。開始第二生。在台灣，她是外來人，25歲，與當時台灣知識分子雷震、殷海光等人在《自由中國》亦編亦寫，他們發表「反攻無望論」，他們批評國民黨批評蔣介石，她任文藝版主編，不算走在政治最前線，卻眼看着雷震因文字獄坐牢，《自由中國》被封，她一家也被監控。十多年在台灣，理想中的「自由中國」，似乎也把她擠在外頭當是外人。

第三生，由一個願望開始：他與初次約會的她說，我剛才許的願，是希望再次、再次、再次、再次……與你相見。說了無數個再次，結果美國詩人 Paul Engle 與聶華苓餘生都相見。說起這願，她眼裏都是甜。

64年離開台灣，到了美國愛荷華，再世為人，後嫁給了 Paul

Engle，開始踏上「世界文學組織的建築師」之路。1967 年她和 Paul 創立國際寫作計劃，邀請資助全球作家，因寫作之名，到愛荷華旅居交流，國際文壇的地球村當互聯網未至，已活在她的客廳，她和 Paul 是村長，比網民更早翻牆，翻過柏林圍牆、紅牆、哭牆、萬里長牆，在文學裏國界不見了：波蘭，以色列，埃及，台灣，中國等 70 多國，鐵幕國家獨裁統治天下之大過千名作家，莫言余華李銳鍾玲李歐梵蔣勳林懷民李怡等等，都來到 Iowa 令它變成全球三大文學之城，他倆也獲提名諾貝爾和平獎。作家們在她的客廳拼命抽煙亡命辯談，政見不同國家分裂的，有的打架有的戀愛，後可以在機場分手時相擁痛哭。或許自由中國的舞台太小，她結果和 Paul 創造了文學的自由世界。

聶華苓有趣、情真、率性，看她穿衣的品味，桃紅襯黑，粉紫嫩黃艷紅，旗袍大衣便服都是優雅，她很活，不老，善良在眼裏，歲月在身邊，歷史談笑間。談起媽媽就深感她孝順，談起朋友故人就掩不全她的俠情，說到 Paul Engle 每字都有溫度，他的書房卻如凝住了的時空，在他戛然離世那天世界停頓。喜歡她「調戲」馬英九，更喜歡蔣勳說起和丁玲在芝加哥看眼底浮華和穿貂皮大衣女子的故事。

「人生只似風前絮。歡也飄零，悲也飄零。」聶華苓斑駁的一生透現太美的人性光輝，在什麼時代做什麼人，好看是悲歡離合總無情中的硬朗瀟灑。

08 女權母雞

✳

這不是要串或者調侃名噪一時的「女權菠蘿雞」事件，如果是，我從來都不會掩飾，更無餘暇申報否認。我甚至願意相信，她們當中有些真的意願良好，只是無知。

但若真的關注女權、人權、公義，希望推動改變，我謙卑而真誠的推介紀錄片《RBG》，請看看歷史上有些可敬的人，曾如何身體力行令世界進步。紀錄片談的是美國聯邦最高法院自由派大法官金斯伯格（Ruth Bader Ginsburg）的生平，這享年87、剛去世的瘦小老婆婆，是司法巨人，是文化圖騰，有份改寫人類的命運。

想誠懇地致敬，真心關注她重視的課題，自然該秉承她不慍不怒的溫潤本色。你看她每次說話，在聽證會在法庭在生活中，都冷靜、實在、理性、睿智，不亢不卑不火，篤定如一坐小泰山。是她早死的媽媽教落的：要像個熟女、而且要獨立。片首她解釋說，熟女於母親的意思是，做人處事不要受憤怒、妒忌、煩懣等情緒影響，既耗精力也浪費時間，"being a lady" meant being fiercely independent，在那時代想法非常前衛。

女人要「獨立，永遠。不管，感情還是金錢」，張愛玲也蒼涼地明白。

熱愛歌劇的RBG說，在她成長的歲月，她從沒見過任何一個交響樂團有一位女樂手。著名樂評家如《紐約時報》的Howard Taubman，發誓他單憑琴聲便能聽出在鋼琴前彈奏的是男是女。結果有人找他做了一個"blind-hearing"的實驗，「蒙眼試聽」下他錯到七彩。世上琴聲只有好與不好之分，沒有男女之別。

自此樂團面試，都垂簾試音，删去了男女色相的先入偏見，純以音樂定高低，差不多一夜之間改變了整個音樂界的歷史。

RBG 從來不控訴，不吶喊，不聲淚俱下，只溫文的，說出事實。如果這樣的事實都不能凸顯不公平，還有話可說嗎？再聲嘶力竭亦徒然，“Reacting with anger or annoyance would not advance one's ability to persuade”。

在美國，性別歧視曾是常態，曾經合該。父權之下，女性是次一等的性別，是男性的附屬。在世界，很來地方仍然如是。女性連讀書、考車牌、入場看球賽，都是罪。1956 年她入讀哈佛大學法律學院時，全班約 500 人得 7 名女學生。是事實。學院院長照例請女同學到他家作客晚宴，問「妳們為什麼讀法律，要做男人的工作？」是事實。她以最優異的一級成績畢業，找不到工作，律師行都說：我們不請女人的。不唯才是用，純以性別決定聘用與否，也是事實。

那些年，女人不能自己買樓，不能申請信用卡，沒有老公同意／簽署，她們是二等公民。女人彈琴、女人做律師、女人有信用卡，近乎荒謬。你希望自己的姊妹、女兒、孫女，都繼續受到社會的綑綁和歧視，被定型看低，沒有獨立自主，才幹才華不被尊重嗎？

"I ask no favor for my sex, all I ask of our brethren is that they take their feet off our necks"，RBG 引述爭取女性參政及投票權的 Sarah Grimké 的話，不求對女性特別優惠，但求老兄伸少兩腳。

RBG 開始定下目標，專接有機會改變法律制度、衝擊偏頗性別價值、重新審視遊戲規則的官司來打，包括為男士爭取女性／媽媽才有的社會福利。喪偶的家庭主夫選擇全職照顧孩子，為什麼就沒有津貼資助，男人也是人，是事實。

她為女性爭取入讀軍校、入伍做空軍。因為是女性，體能及一切條件都合格，純粹因為性別非男而被拒諸門外，有違美國人人生而平等的憲法權益。在男權主流主導的大氣候下，大半生逆風而戰，雖千萬人她往矣。被圍攻、處弱勢、勝算低，敵眾我寡，仍然奮勇地當唐吉訶德，力戰不公義大風車。

這不懂得下班的幸運女人，嫁了個惜她愛人仰慕她的好男人。讓她可以做自己，鼓勵她追求高遠的理想，永遠在她身邊，給不苟言笑的她送幽默、送愛、送暖。這任女人強大的男人，二人之間捱過了三次癌症的磨難，一次他的，兩次她的。

她的子女說，年少時他們家中有本筆記叫《媽媽笑了》，專門紀錄媽媽在家笑了的罕貴時刻，多是爸爸逗的，可見這名大法官就算回家了，仍是心繫江山社稷。同樣是成功律師的老公，娶雞隨雞，她有好工，他跟她搬，由人權律師到大法官，過省穿州以她為先，以她為榮。

她的孫女告訴 RBG，她的法律學院同班同學中，男女比例如今是 50/50 了。我記得這位小婆婆判詞的以理服人，否決不公義論據的清晰俐落；她以 84 歲已佝僂的身軀，聽着歌劇強悍做 gym 時，身穿的衛衣寫着"Super Diva"，好可愛。

這儘管是非常偏頗，明明只有歌頌膜拜，一味有功無過有褒無貶的巨人生平，我津津有味的看完。她留的遺產太豐富可敬，永遠記着她說，"To make life a little better for people who are less fortunate than you"。

她讓世人見識了，溫柔堅定可以如此強大。

09 不要簡單加個「等如」

＊

我很討厭一個符號：＝名字叫「等如」，不喜歡它，好憎。

不喜歡它被濫用到一個失心瘋的地步，無論一個人一件事一個眼神一句說話一隻路過的烏蠅，都可以被人洞察先機聰明絕頂的閱讀出「等如乜乜」的結論，奮不顧身飛站直航，就跳了去結論，就有結論，真容易神奇。除了在數學，這個符號在生活上都是被亂用居多，圖個方便，頭腦簡單，不可收拾。直言＝不嘶，自信＝寸咀，自我＝驕傲，有個局長說「商場＝好奸」，反對＝不愛國，有意見＝不河蟹＝作反＝死罪，大國＝崛起。強行肆放「等如」，很蠻很暴力，等如強姦。（等我活學活用先！）

憑二手資料，就去認定「去等如」一個人，神乎其技。

很想問，為甚麼天才，就等如「肆無忌憚，輕狂莽撞」；更先要問為甚麼／憑甚麼你可以「把一個人＝天才」，自以為是讚美的標籤，也是標籤。沒有人有責任交足戲完成你想當然的戲劇。

上周五才和朋友說起，《音樂人生》自 6 月起一直上映到現在，一套紀錄片，接近零宣傳，像當年影藝戲院式長映長有欲罷不能，為何沒人對它好奇？翌日它就拿了金馬獎。商業成功是最民主的，那麼多人肯自願用鈔票投票，我 8 月時就去好了它的奇，這個關於「音樂天才」香港男孩黃家正的故事。

作品本身不算特別出眾，英國紀錄片之父 John Grierson 認為紀錄片應該「是對真實事物做一種有創意的處理」，近年開始拍紀錄片的賈樟柯說「（紀錄片）作為一個媒介必須有它的美學考慮，不是說拍下來，反映社會就可以了」，《音樂人生》創意和美學實屬一般，它遠不及美國 Michael Moore 拿紀錄片來惡搞布殊惡搞社會議題過火到偏離紀實性的創意，視野深度人性呈現也當然與我至愛的英國紀錄片《7 up》系列無法並論

（有機會定要寫寫這史詩式紀錄片系列），但完全明白《音樂人生》為甚麼成功—— 黃家正。

宣傳字包括「肆無忌憚，輕狂莽撞，唯有說，天才就是如此。」完全不同意。我看見的是個對音樂有激情、對自我不停反省、對人生不斷反思的敏感少年，覺得他是一個很易被誤解得遍體鱗傷的孩子。Plato 說：Know Thyself，他一直用心去認識自己，小時了了，他答你「我最想做個人」；贏了音樂比賽，同學亢奮狂喊「拔萃！拔萃！捨我其誰！」他不發一言在旁，不自然又不以為然。我知道紀錄片不過是某一年紀某一時刻某種狀況的情緒和表現，以一，不能概全。但片中他一再強調他多感激恩師羅乃新的教導，一個真心感恩的人會自大到那裏？不過與眾不同、不肯扭曲自己表現出世所認可唯一一種近似偽善的中國式謙虛，就又會等如「寸」，實實淨淨有態度有立場，何寸之有？「讓、懿行也。過則為足恭、為曲謙，多出機心。」黃家正是個沒機心的人，我很想認識他，第一身第一手的認識，我告訴友人，或許他讀讀莊子，人會放鬆點，友人卻說他需要一個很大的挫折。非常不同意，我覺得他已經不容易快樂了。

「好憎人話我係天才！」剛巧他從美國回來，就約了他出來。

「好憎人話，佢寸，不過佢寸得起吖！黐線！寸得起就要寸架嚊，寸得起更加唔應該寸！」類似的話，我講過，不是指天才，指寸。傾了個多小時，他對我這陌生人由少少戒備到擲開防衛侃侃而談需時 5 分鐘，他一不扮嘢二不寸咀三不狂莽，起碼我一毫子都不覺得。「啲人未同我講過一句嘢，就長篇大論話我係點樣點樣嘅人，連我自己都未知清楚自己係點啦！」佢啱。才 19 歲，很多想法和價值觀還有待整固。

這說話很認真速度很快，一再為遲到了少少而道歉的好少年，不是天才但肯定與眾不同，與眾不同就有代價。他令我想起直抒胸臆百無顧忌的中國博客韓寒，想起梁啟超說「少年智則國智，少年自由則國自由」，這個「則」的等如，我喜歡，可惜這樣的少年不多。

04 歷屆奧斯卡神婆預測

※《奧本海默》*Oppenheimer*, 2023

01 2009五強爭霸

＊

這年頭是真的差，電影卻是真的好。滿街都是壞消息，但奧斯卡都是好戲碼。是好到令難捱日子變得易過的那一種，好到令擲鞋比打毆那個英偉的那一種。看了一齣好電影，輕則風光明媚，重則不枉此生，碌碌世道莽蒼，滾滾俗囂紅塵，都付光影中。

候選最佳影片的名單，不是一時瑜亮、不止三國鼎立、不單四面好歌，絕對五強爭霸，還要燕瘦環肥，風味格調韻致深意各懷靚胎各顯異彩。

《奇幻逆緣》，令你風露立中宵的故事。F. Scott Fitzgerald 的原著是種子，因為馬克吐溫一句“the best things in life happen at the beginning and the worst at the end”而來，主角一出生便是個八旬老人，每過一年身體年青一歲，肉體時鐘倒過來撥，60 年的風景跌宕存款在一個廿歲的身軀皮相，他發育時期老態龍鍾，七十之齡第一次長青春痘。一切 timing 都是錯，一個世上最寂寞的男人。是個“反 timing”的故事，沒有最好的時候，沒有最壞的時候；人生，沒有太老的時候，沒有太年青的時候，活吧！張愛玲所言「於千萬年之中遇見你所遇見的人，於千萬年之中，時間的無涯的荒野裏，沒有早一步，也沒有晚一步，剛巧趕上了」，遇上生命中一些重要的人重要的時刻，就是了。抓着那一刻，好好活！最愛本片創意上的逆思考，愛它的命題，但這不是我的奧斯卡最佳影片，Brad Pitt 演得好卻演不盡角色的複雜性。視覺特技獎則拿五次也實至名歸。

Best Picture：《一百萬零一夜》。還有得再現代狄更斯一點、再 Oliver Twist 一點的嗎？還可再六月飛霜命途坎坷多一點的嗎？ Jamal 已是貧民窟的孩子，被貶一級，看着母親因宗教歧視被活活打死，成為孤兒；已是在垃圾站存活的孤兒，再被貶一級，被黑社會誘拐差點變成殘廢童丐；沒命逃脫成為街童，再被打落深一層的地獄，相依為命的親兄長來個反目出賣，悲痛的稚子孑然一身。上《百萬富翁》為的是放不下失散了的兩小無猜小愛人，她，會看見的。被現實不斷掌摑，Jamal 萬料不到人生千瘡百孔的一宗宗不幸，竟為遊戲的每一條問題提供答案，天意弄人，小子諷刺地踩着自己的傷口拾級而上，踏上百萬富翁之路。敢打賭如果 Jamal 有權選擇，他寧可 undo 百年身的所有不幸，也不要這樣當百萬富翁。殘忍但甜美的宿命，卑微卻頑強的人性，苦苦的勝利，印度的異色，供西方獵奇。奧斯卡需要它的戲劇，由 Hollywood 擁抱 Bollywood 功德無量，看貧民窟的童星遠道而來歡天喜地，荷里活上演又一場救世救贖。Danny Boyle 順手攞埋最佳導演冇走雞。

最佳男配角，《蝙蝠俠》的 Heath Ledger，就算他沒死我也選他。他這小丑，日後選電影史上一百大經典壞人一定賤有攸歸，他壞得太痛不欲生。

最佳男主角，Sean Penn 與 Mickey Rourke，點指兵兵……《The Wrestler》還未看，不過後者看高一線，因為 Oscar 那班友應該想像到 Mickey Rourke 加上 Kate Winslet 成為影帝影后站在一起拍照的畫面多麼美女與野獸多震撼。

即是最佳女主角：Kate Winslet。《讀愛》未看，但原著小說我極喜歡，看時還未夠三十歲，想像一個三十中的女子和一個15歲未經世故的嫩男玩沖涼玩讀書「玩床單」的無媚，唔……三樣活動我都好喜歡啊，撐！況且由後生演到老，又有“攞獎friendly”的納粹罪、疚、罰襯托，莊贏。

最佳女配角，《聖訴》的 Viola Davis，她與梅麗史翠普短兵相接的十分鐘，勝過人間無數十年功。那幕戲，角色上、膚色上、權力上、理據上、對手的名氣和功架上，她都處於下風，偏偏演來不慍不火寸步不讓，那是不朽的十分鐘，就是贏面低我也選她。

02 2010奧斯卡月餅會

✳

一年容易又Oscar。話時話，奧斯卡，真的有點似中秋，正確點說，似月餅會。一個導演／演員，供夠三千年開花三千年修成正果，尤其是大獎。有時一個人有時一個種族供或者一個genre默默供，才有第一個黑人影后、第一套喜劇成為最佳影片。

今年奧斯卡戲碼和佳麗不及舊年精彩，去年燕瘦環肥千嬌百媚還有印度野味，今年，最佳影片候選名單就有十套作品，至於嗎？夠實料不需裝腔造勢，罩俐不戴WonderBra，一棵願托喬木勝過一個重慶森林，不是太多瑜亮，是不夠質催谷量。

所有視覺特效技術獎，《阿凡達》橫掃等收樓，一席視覺盛宴，確吃得眼睛色舞眉飛。梅麗史翠普幽過占士金馬倫一默，說他現在的特技境界，可以讓她演林肯。

最佳動畫，迪士尼 Pixar《沖天救兵》，不是它 3D 好看 2D 也耐看，不是它反傳統背叛卡通以一個年邁老伯而非年青小子做英雄，是它單一段速寫男主角與妻子相識相愛大半生至死不渝的深情，無對白，簡樸中情篤愛濃，亦飽嘗人世雜事坎坷最後死別之苦，動畫竟詩意感人如沈三白的《浮生六記》，風露立中宵。

最佳男配角，《希魔撞正殺人狂》的 Christoph Waltz 應自動當選，他的對手都不在同一個球場比賽，征戰 theatre、電視、電影多年的老薑美味可口的演出，把一個你每分鐘至少想打三鑊的納粹高官演得賤格蝕骨，衰得那麼有格調，舉重若輕叫你咬牙切齒，壞人之霸的鍛造可與當年 Anthony Hopkins 演《沉默的羔羊》爭鋒，Waltz 降呢選男配角，交出卻是影帝級表現。

最佳女配角，《天生不是寶貝》的 Mo' Nique，電視演員由小營幕走上大銀幕，演一個虐女自私惡霸的無良母親，更可悲是她本身是低教育、貧窮、孤獨、被丈夫遺棄的受害者，一場掏心催淚的陳情認罪戲看得觀眾既酸又苦，想拿二胡出來替她拉，影片擊中美國黑人貧窮家庭社會問題的悲劇，至少要得到一個奧斯卡獎以示關顧。

最佳男主角，《聲聲相惜》的 Jeff Bridges。是他和 Colin Firth 之爭了，比起 Firth 他大半生影圈戎馬，起跌高低供夠月餅會奧斯卡陪跑亦多勝算較高。片中他如一部爛車尚餘二兩 gas，老馬發火老本恥食太久，為了好好愛一個溫柔地出現在人生荼靡時的女人，揮發三斤釘小宇宙，不再輝煌的曾經紅歌星，Bridges 的歌聲自備砂石，聽得出浸滿了酒精、後悔、不負責任的性、倦、燈火欄柵，和無眠夜。

最佳女主角，數據勢頭最熱是 Sandra Bullock，很大機會勝出，但我投票給梅姨。演活 Julia Child 是高難度動作，正如所有中國人心中都有一個黃蓉小龍女，每個美國人更見慣名廚 Julia，效顰嫌醜臨摹則硬，梅麗史翠普演得鮮活到說服每一個美國人她就是 Julia。我是個主張偏心最緊要值得的人，假公道最不公平又共產，為什麼長期日出日落有好表現多年得到 16 次提名就要她不停讓路給其他人去獲得肯定，為什麼持久做好自己的不可被一再嘉許而要被懲罰？如果靠評判打分，費達拿是否不可以連年贏網球影帝？神經病！上次她得獎，1983，月餅會都供夠幾勻了。Sandra Bullock，說她的得獎格局有如 Julia Roberts 當年憑《伊人當自強》稱后，但別忘記，當年她的導演是蘇德堡，有分別的。

最佳導演，《拆彈雄心》Kathryn Bigelow，占士金馬倫變了一場炫目瑰麗的特技戲法而已，況且女導演在功能組別性別方面的月餅會也供夠了，奧斯卡給女導演的玻璃天花是時候破頂。

最佳影片，預料《阿凡達》勝出，冷黑馬《希魔撞正殺人狂》。但我的選擇是《拆彈雄心》，戰爭片由世界大戰片講正義愛國榮寵兄弟情，到越戰反思戰爭荒謬殘忍瘋狂，"Vietnam can kill me, but it can't make me care"，疏離無意義；兩伊中東戰走到今日，《拆彈雄心》反戰中告訴你，不為什麼，有人揸支槍去打仗，是因為擅長做這份工，好過在家湊仔，正如有人擅於派信，有國家擅於河蟹，張愛玲的白流蘇擅於低頭，就係咁簡單，戰爭，已經沒什麼可說穿了。

03 2011 勵志主旋律

✳

頒獎禮的派彩結果，也是一種形象。是標準的確立，價值的肯定，理念的提倡。要怎樣的精神，如此的真材，這般的實料，那麼的質量，這樣的風範，才可獲取獎項享受榮譽值得表揚。這是為什麼將是第 83 屆的奧斯卡仍受推崇、觸目和尊重的原因之一。尺度連年寸步不讓（基本上）公正不阿，不是講數、人氣、裙帶、票房就可以扭曲賽果假造認受性，硬河蟹在人心的公道是一種強姦。有人拍枱但絕少有人掟蕉，可有爭議可以不外乎人情，但不可能荒謬無恥如 TVB 頒給獎過其實的林峯。人必自侮而後人 X 之。對《阿凡達》說不，對《拆彈雄心》說得，是金錢以外市場之外還有更多。小品、藝術、文學、人道、冒險、反省、開創、歷史教訓、人性光輝，難能可貴得發亮就讓它得獎，任何頒獎禮都不止是一場 show 是一次宣言，有它的迂腐，但也代表業界相信什麼聳衛什麼，是 integrity 是風骨，幾時香港由音樂到電影才明白這個道理。

每年我也在此預選我的奧斯卡，就繼續「優良」傳統，由賽果最明顯的說起。

最佳影片。今年奧斯卡的主旋律大底是勵志 VS 時代片之爭，即《皇上無話兒》對決《社交網絡》，我希望也相信前者將壓倒性成為今年的英雄。已經多久沒看過一套散場時會興奮莫名覺得「睇到寶」的好戲，人家的雙雄片是這樣的，英國文化底蘊之深可見在這沒有動作的英雄片，兩雄亦師亦友相反相成，用精警點智幽默的對白格劍。Colin Firth 飾的英皇佐治六世是和米高峰血戰的 gladiator，是打拳前刻苦鍛練的 Rocky，演講台是他要必勝的擂台！階級、尊嚴、時代、家、國，帝王家的無情連口吃都不准，我們肉緊我們見證主角終成功突破自我，完成演辭一刻如《烈火戰車》在終點衝線！本年最佳必屬《皇上無話兒》。

最佳導演：Tom Hooper《皇上無話兒》。大會極可能頒給《社交網絡》的 Fincher，但論作品的氣氛劇味深度雅俗可觀性，

Hooper 勝，就算估錯我都揀 Hooper。

最佳男主角：Colin Firth。差不多是自動當選，除了 Javier Bardem 可以一拚其他對手未能威脅，他在片中對着米高峰口吃的想死程度達烈級，給女兒說故事像盲人騎瞎馬般舉步艱難，看得我像自己喉嚨卡了木塞。

最佳女主角：Natalie Portman《黑天鵝》。對手只有 Annette Bening，但對方最不利不是演喜劇，是「主」味遠不及 Portman 在片中獨挑大樑帶動全片。童星做起履歷豐富，片中又自慰又同性愛慾又入魔又純潔，情緒幅度大層次多十八般武藝晒冷完全是奧斯卡級要求，再者，有什麼好看得過大肚婆上台領獎（除了台上臨盆）？

最佳男配角：Geoffrey Rush《皇上無話兒》。有點冷，《擊情手足》的 Bale 贏面較高，但我隨口可揀五個人演活《The Fighter》中 Bale 的 Dickey，而沒有了 Rush 演的 Logue《皇上無話兒》不能想像。

最佳女配角，今年最難揀亦最競爭激烈一項，我心水 Helena

Bonham Carter 在《皇上無話兒》中是個景點，莊重練達，恨鐵也諒鐵不成鋼，她令佐治六世的掙扎更充滿肌理；Melissa Leo 在《擊情手足》中演生命力潑辣霸道的母親形神俱bitchy，大有資深老馬標尾會之強勢，但預計《True Grit》的新演員 Steinfeld 會得獎，她佔戲比 Carter 在《皇》片中多也重亦演得入肉，而且太多舊面孔得獎大會可能寧鼓勵新人。

有時，選舉也像派彩，照妖出建制的形象。沒得選，繼續沒得選，都是價值觀反映。

04 2012 每年都會有個大贏家

✳

核心價值的一張臉好像越來越長滿荒謬感，還是幽默感？就像長暗瘡一樣，在這裏水土不服嗎？像「問心無愧」和「選舉」一樣。可惜我笑不出。

幸好還有奧斯卡頒獎禮，明天就是了。在那裏會看見賽果與大會的核心價值在點頭，在單眼，在輸送肯定。看見了可能心會比較安，比較覺得世界不至於太爛太黑暗太核突太討厭太蠢。那是一個追夢、相信夢、獎勵夢的世界，天真而堅持，富貴不能移，市場不能屈。“What people's dreams were like before the cinemas were invented?” 賽果還向時代打訊號，如果電影本身有它的信息，獎，也是一種信息。

為什麼我每年預測的奧斯卡得獎者都那麼準？舊同事偉仔總說「跟你買都發嗚！」傻的，我都經常錯，不過我信奧斯卡風骨。（雖然奧斯卡有它的娘、計算，甚至黑暗，但它的核心價值是一直守護着的。）

每年都會有個大贏家，都需要一個大贏家來壓場，預計今年的幸運兒是《星光夢裡人》，大獎如《最佳男主角》、《最佳導演》、《最佳影片》都寫定了它的名字。在如今電影過份迷信特技動作大而無當飛天遁地重口味，太多空洞太少原創太多續集之秋，這現代默片由概念到執行，在眾人皆 3D 中獨醒，對那些年的默片是致敬也重溯亦回味，傳承之中擁抱及肯定「老片」的價值，對電影歷史因科技變天造成的淘汰和傷亡送上溫柔，彷彿要對抗觀眾的殘忍和遺忘，給回憶做一種矯正和翻新。戲中默片天王 Valentin 的潦倒，喚起差利經典的窮到燶；男女主角壓卷的一場雙人的答舞，每一步都優雅地與《Singin' in the Rain》的 Gene Kelly 和 Debbie Reynolds 眉來眼去拍和。還有懷舊戀念的詩意烘托着舊社會人倫的患難真情，在視覺萬歲的今天，導演在大家吃慣官能連鎖快餐的脾胃中逆流復刻真味、刀功、意境俱佳的功夫菜，難得一面忠於原味，又能一面戲謔它的調調，有的是演得好，導得好，製作得好以外的優勝。（唯一暗湧是佐治古尼在最佳男主角一項矣）

最佳女主角和配角，《寫出友共鳴》的 Viola Davis 和 Octavia Spencer，前者受盡委屈莊敬自強如山，後者在悲劇命運中灑滿喜劇感，想想在奧斯卡女主、配角同時由黑人在同片包攬，多有新聞性又多有種族政治療傷之效，也更是高調認同影片對美國種族、性別歧視歷史說不，在黑人都當上了總統的今天。梅姨嗎？我是她的忠貞 fans，但她在《鐵娘子》演老戴卓爾爐火妙絕，演壯年時卻過火失調，再者最佳女主角要來自一套不夠好看的電影太難。

最佳男配角相信非《Beginners》的 Plummer 莫屬，八十多歲老戲骨，由《仙樂飄飄處處聞》的 Captain Von Trapp 到今天演一個七十多歲出櫃的基伯，又要 camp 要病仲要死，合晒奧斯卡河車，完全成就一個全場站立 ovation 位。

最佳原著劇本捨《情迷午夜巴黎》其誰，最佳改篇劇本我選《繼承大丈夫》。

何解咁揀，除了個人口味，專業判斷，客觀偏心，還因上述的影片共同示範了“The real crime is not committing to your dreams”。

05 2013 估錯唔好打

✳

今年有點艱難，說的是預測第 85 屆奧斯卡頒獎禮的賽果。撞鬼的偏偏是今年那麼難，卻那麼多單位找上門問電影運程吉凶禍福。多年來胡扯打趣，分析吹水，牙骹眼光拿來招呼朋友，為奧斯卡作賽前預報，竟已成為景點；僥倖屢屢言中，未敢得戚，如今一樣現眼報，電視台、讀者、親友、同事都來幫襯，始知上山遇虎。本人好歹書讀過幾頁，又家教森嚴，總不能以「關你嘟事」暴力又英勇的趕客，什麼「金牌奧斯卡分析員」或邁克語「蛔蟲分析」不敢當，唯有硬着頭皮，再慷慨無畏說三道四了。

最佳女配角。最易猜。Sally Field 在《林肯》是（實）力的表現，總統太的犀利與心碎，刮風起風，喚雪飄雪，你跟着她共赴寒熱，但 Anne Hathaway 今年恐怕是自動當選，冇得輸了！不管誰的演出如何精堪，她在《孤星淚》的表演卻屬"once in a life time"，人生難得幾回，Fantine 演來淒怨動人到如洋人說「我的心走了出來去你那裏」，在片中交出黃金助攻。出道以來，演技由甩頭甩骨到如今技驚四座，要起立斜帽。（Anne 還有幽默拉票短片，在 YouTube 大唱"I did it all in one take, bitches"，加五分）

最佳男主角。不難。同理。任何候選人，在遇上了倚天劍都只能歎誰與爭鋒。《大師》的威尼斯影展雙影帝是不可小覷，但 Daniel Day Lewis 的林肯是神級表現，演員自己不見了，就是坐着不說話，也只看見林肯，立體撲面是血肉滄桑智慧傷痕。《60 分鐘時事雜誌》中歷史學家說丹尼爾先生演出栩栩完美得驚人，語調聲線偏高聲，她聽過林肯許多的錄音講話，唯有驚歎。而奧斯卡向來愛歷史真人物。

最佳男配角。開始頭痛，痛得合理而辯不清。《黑煞令》中 Christoph Waltz 這個牙醫神槍手，演技滑不溜手叫我愛不釋手。今次位位候選人均已贏過奧斯卡金人責袋，都是老手，誰都不需要被肯定，要計，相信最後贏家是 Tommy Lee Jones。

如果 Waltz 的表現是美味可口，他的成績是 sublime，大概贏的單位是馬鼻……毛。

最佳女主角。難說。Jessica Chastain 與珍尼花羅倫斯，分別在《追擊拉登行動》與《失戀自作業》悅目耀眼，二人之吋爭如泥漿肉搏扯髮咬面，但奧斯卡喜歡戲劇性、講求“range”，羅倫斯的角色情緒起伏較多幅度更大，博票數看高一線，相信是評審杯茶。但我自己的一票，卻會投《愛》的 Emmanuelle Riva，由亞倫雷奈的《廣島之戀》到現在不着痕跡的《愛》，這一爐是純青得令人心碎的火。

最佳導演。強敵如《追擊拉登行動》的 Bigelow 和《Argo－救參任務》的艾弗力連門口都冇得入，注定史匹堡坐定粒六寫感謝演辭，實至名歸。李安？不會。

最佳影片。最煩惱。上面一個大獎都贏不出的《Argo－救參任務》凍過雪條。計點數《林肯》是今年大贏家，相信會也摘下最佳改篇劇本，順手奪得最佳影片很正路。但別忘記“Argo fuxk yourself”的絕技，是孫子兵法之最上乘，不費兵卒，不戰而屈人之師也，極可能贏得最佳剪接的《Argo》，皆大歡喜地爆「熱」勇搶奧斯卡，才是最奧斯卡的結局。

06 2014 奧斯卡的秘密

✳

又到奧斯卡，超過五年在此牙骹預測賽果，風水佬風水婆呃你十年八次，本人眼光歷年還可，今年不失手勢又來過：

最佳男配角。《盜海狙擊》的 B. Abdi 和《續命梟雄》的 Jared Leto 之爭了。Abdi 演索馬里海盜，是土產關係入型入格，打家劫舍用他這張臉事半功倍，戲路要求他要狠夠絕要蠢夠無知要悲哀夠可憐；但相對 Leto 演跨性別人士，人性、處境、身體語言的掙扎和複雜性肌理細密得多、脆弱得多，不是一味乸型，他媚，但忠於自己得理直氣壯，就太難承受世界尤其是父親的否定厭棄。破碎的靈魂，他演得細膩，應贏馬鼻。

最佳女配角。難揀，不像去年 Hathaway 無敵，今年 Lupita Nyong'o 在《被奪走的 12 年》演冤過竇娥冤、慘過禁室培育的童養性黑奴，痛不欲生泣血得叫人想立刻籌錢劫獄救救小 Patsey（片中角色），但我的心水是《騙海豪情》的 J. Lawrence。一場廁所內與 Amy Adams 的冇泥漿撥辣口角，傷痛和恨都從心臟扯出來當兵器襲人，看完要呼氣，如果去年你懷疑她為啥是影后，今年奧斯卡會用多個小金人塞住你的嘴。

最佳女主角。黐線的。這一項的競爭和候選人之各款萬佛朝宗是驚人的。如你以為 Cate Blanchette 必勝我同意，但實情是 Judi Dench 在《千里伴我尋》阿婆搵仔，吃人的歷史宗教傷害在她血液裏，蝕骨，若無；梅姨在《1 個葬禮 4 個失禮》演口腔癌毒舌刻薄母親，可憐得見血封喉，老公揀死唔願對住佢，女兒全部憎佢一身苦難過去，如果有個磅可以演技斷斤秤，梅姨還重二兩。藍茉莉 Cate 的個人騙海迷情是精彩，Dench 是純青，梅姨是過份，精湛純青得過份。但時勢氣勢，今年影后是 Blanchette。

最佳男主角。三強鼎立，黑奴對狼人對愛滋牛仔，預計牛仔勝。Mcconaughey 喪減 50 磅演出有分加不是重點，奧斯卡對金童子如迪卡比奧慣性看輕也非主因，Ejiofor 紮實嫌欠神采是事情，要點是 Oscar 鍾愛「浪子回頭」的故事，過去一兩年，麥康納希由賣樣賣肉男花瓶提煉成演技驚人性格演員，傳媒以 "Mcconassaince" 形容他奪目的蛻變，個人演藝事業的文藝復興壯功德無量。《續命梟雄》的 Ron，由爛賭鹹濕歧視同志賤佬，因愛滋「重生」變成為人道公義勇戰的生命鬥士，《華爾街狼人》因他的客串絕對更好看，「麥康復興」很難輸。

最佳導演。《引力邊緣》的 Alfonso Cuarón。他最突出，尤其我當了導演之後，更明白他幾丁演員一個綠佈景廠玩足 90 分鐘誠如生命作賭注，片首廿分鐘長鏡頭一氣呵成是 instant classic，宇宙無垠的浩瀚荒涼偉大可怕，他帶哲學詩意呈現。相信一堆攝影視覺獎當順手贈慶。

最佳影片。唉，最冇信心，連年甚強的 gut feel 都很準，但今年我的 gut 很「吉」，冇 feel。十年前我不用想就會告訴你《被奪走的 12 年》贏硬，真人真事主題求生尊嚴與自由評審至冧，但奧斯卡不宣的秘密，也是我連年預測準繩的原因，就是明白除了成績、聲望、大會現還考量市場現實，奧斯卡必須吸納年青觀眾，於是《引力邊緣》特別亮麗；但我個人認為整體最出色的是《騙海豪情》！最後答案：

曾經，「開明」如美國對同性戀和愛滋都充滿歧視，在打破局面打開缺口之初，少數影星自發在奧斯卡頒獎禮及其他公開場合，衣領扣上關懷愛滋抗歧視的小小紅絲帶徽章，清晰鏗鏘公開支持表態。如今年香港電影金像影有人扣上藍絲帶到場，香港人會記得，我會永遠起敬。今日起在本欄別上藍絲帶小徽章，支持新聞自由，話不多說，態已表。

07 2015 預測失誤凶險最大

✳

多得邁克長年關注揶揄，本人「奧斯卡神婆」的聲名狼藉馳名不逕而走，準繩的業績百無一用，唯法國南及新界西的奧斯卡外圍賠率已受到我的預測影響矣。風水佬風水婆呃你十年八次，出得嚟行，見好冇得唔玩，今年冒最大的招牌不保凶險，賽果還是奮不顧身預測下去。我不亂測 oscars，誰亂測 oscars 呢。

是年預測失誤凶險最大，因過年稿期提早，方便老編收爐，不能像往年觀察各路名馬黑馬至尾段衝刺、不能看沙圈晨操暨入閘情況，要知道，奧斯卡夜前的最後數天臨門催谷極為重要，影廠、監製四出游說造勢也是風聲露端倪，今年不能貼市至最接近比賽日之前一夜占星，要以早了好幾天的天象走勢分析，唯盡力而為，信心十足地錯鑊甘香鬆脆又如何！

最佳男配角。本屆競爭最激烈一項，齊集的五位候選人，不是一手同花順，都係四條 A 加隻 King。個個心口放得下「實至名歸」四個字，兩次。老薑 Robert Duvall 撐起半套電影不必說，Edward Norton 在《飛鳥俠》恰如其份地搶鏡，桀傲偏執賤賤地，你會相信精神病院走犯，表現放於每一屆奧斯卡都有得贏；更可怕是《獵狐捕手》的 Mark Ruffalo，放棄了自己的肉身潛入角色無縫，家常低調，豆腐煮到出神入廟。可惜，遇着《鼓動真我》的魔鬼教練 J.K Simmons，化身人肉音樂木人行，為特訓出最強樂手不惜折磨你肉體自尊祖宗 38 代以及方圓百里所有生物以至昆蟲，神憎鬼厭不擇手段，節奏、元神、瘋狂，他捏入手心入骨出血，這種角色及演繹額頭有個「獎」字的，時勢氣勢 Simmons 必勝。

最佳女配角。最欠競爭及睇頭一項，沒有哪一個交出「老娘是來拿獎」的氣焰和氣魄。事實 Meryl Streep 再強也無法為悶作《魔法黑森林》變法，梅姨今年三缺一嗰隻戥腳來。Keira Knightley 提名已是足夠肯定，今年是書僮，Emma Stone 雖好但戲份太少，擂台根本只剩下 Patricia Arquette 與 Laura Dern 戴着拳套互釘，我看 Arquette 高一線，花 12 年演好《Boyhood》一個角色一部電影，她的角色細胞真正透現歲月桑田。

最佳女主角。開始殘忍了，但沒有去年恐怖，去年差不多任何一個輸你都會心痛肉赤，今年，有兩個提名是陪跑，一個是獎勵，跑道上又剩下兩個選手。《狂野行》的 Reese Witherspoon 演內傷破碎，用一程越越人體極限的毅行來自我救贖排毒，寂寞末期加童年重傷，你直情想直奔去急救箱拿 AA 超能膠替她黐好止血，勝造七級浮屠，但她當年憑《弦途有你》拿的影后有「預繳」成份，曾獲提早派彩的今年要讓半球了。反而 Julianne Moore 的影后名份，以資歷能力履歷計有點「過期」未付，乘她逐層慢性枯萎失智，演活一個因腦退化而點滴失智的知識份子，不着跡地切綿裏洋葱，無聲催淚，哭了你才知被感動，她深深自責得病竟向家人道歉你才覺苦到舌尖，掙扎充滿傷痕卻不見血，奧斯卡為了對病症勇士們及其家人肯定，捨 Moore 其誰。

最佳男主角。最痛苦。情感上，我又一打令 Benedict Cumberbatch 無印演出天才慘角圖靈值得盲目追捧，但 Steve Carell 易容易身重新投胎的演 gay subtext 寫遍全身滿臉的大亨，厲害級別屬於過份與驚人。遺憾這項，又是最後兩強的俄羅斯輪盤，Michael Keaton 一槍，Eddie Redmayne 一槍，睇吓邊個死先。基頓鹹魚自嘲戲外入格到戲內，整部電影個人和自己 ego 瘋狂捽角，焦頭爛牙，他用七傷拳狂毆自我成仙終於飛鳥變火鳳凰，很大程度影帝在望。但我寧願輸，買冷半分，認為是演霍金的英國小將反勝馬鼻毛前面條塵。霍金，是真人，奧斯卡至愛，此外，Redmayne 看得出用了 999 純金真心去演，他對角色有尊敬，對演出零自覺，真係零。由常人到病人，逐步失去語言及活動能力，層次和階段性心理光暗分明，最後用眼神及最低肢體語言表達欲望才情鹹濕和愛，難度分 9.999，再加上評審可順手讚揚世紀偉大人物霍金，場面感人。

最佳導演。冇痛苦。起碼我沒有，《飛鳥俠》的 Alejandro G. Iñárritu。你可能問，為何不選也是大熱的 Richard Linklater ？以戲論戲，計 end product 本身，《飛鳥俠》是神級的，由創意到編劇到演出，導演居功至偉，不單是 instant classic，未來十年廿年，電影行電影課堂必反覆細嚼解剖談論，亮點太多。《Boyhood》的亮點，則是整個製作的 concept，超越了電影那 165 分鐘本身，台前幕後人員耗足 12 年拍一個孩子及其父母家庭的 12 年成長故事，是不朽的，但故事本身不及《飛鳥俠》出神。

最佳影片。最佳導演給了《飛鳥俠》，最佳電影就是《Boyhood》

（除非調轉）。這是整個製作的勝利，要表揚片廠肯投資花 12 年才有收成的創作，表揚導演及演員們多年不倦投入，拍下電影史上第一部"timelapse photography of a human being"。平常電影裏一個角色的成長，換一個年長十年的演員，化一個年長十年的妝就是，《Boyhood》一面求真一面實驗同時寫下電影里程，實時紀錄了人物、時代、心態的變遷，主角配角和時空真的一起老了 12 年。藝術，就是求新求真。

08 2016 亂測奧斯卡

✳

奧斯卡揭盅日，今年我成功反高潮自毀在望了。

本人意外經營，又得邁克及蔣芸姐厚愛的「奧斯卡神婆」之欺世盜名，雖業績連逐八年開口常中，準過風水佬風水婆，但怕要在今年杯盤狼藉嘔突了。原因 2016 奧斯卡競爭口淡淡，戰況有點牛皮，候選單位沒有幾多水準靚到人唔叫狗都吠，高潮未能迭起，要在中上之色硬找天姿國色，提不起勁。到喉唔到肺令人無奈又癢，扁嘴籮攣之中要細心分析大膽下注，很不爽就容易失誤，更慘是有些作品未及先睹，未能親眼驗證，下判斷就凶險了。但人一生，不能怕錯就縮，未做垮過一兩盤生意，跌過幾次一帶一路呀唔係，係一仆一碌的交、失過一些甘香鬆脆的戀，枉為人。我又奮不顧身冒招牌粉碎之險亂測奧斯卡了。

最佳男配角。本屆競爭最不激烈一項。是咁的，Mark Rylance 在《換諜者》中雖好但戲份太少；湯哈迪在《復仇勇者》額頭有個奸字平面過 A4 紙；Mark Ruffalo 和 Christian Bale 其實交出拿獎級演出，不過計點數分怕要讓關愛座給史泰龍叔叔了。戎馬生涯拳擊沙場征戰多年，一代動作英雄老矣，由鎂光燈焦點退到繩角作陪襯，東華籌款一歲一分他 69 歲了，為敬老敬業，當半個終身成就獎頒給老來自況，為後輩作最後貢獻的老驥一個肯定，是奧斯卡首本戲。最慘我未看《Creed》，否則敢買冷說其他單位可勝，但照盤路分析，一代傳奇 Rocky，如《換諜者》說是"standing man"，食幾多低潮重擊口腫面爛依然不倒，抵獎。

最佳男主角。好悶。怕且《復仇勇者》的迪卡比奧自動當選，我老大不願意看見。電影本身其實超悶，講復仇平舖直敘，迪卡比奧演得再賣力都是直銷，零層次可言，根本他整部戲得三個演法三種「啲～」：分別表示憤怒、悲慟和意志堅定（呵欠）。Matt Damon 是書僮，Bryan Cranston 是均衡飲食及令候選組合多元，Eddie Redmayne 和 Michael Fassbender 都演出了劇本範疇下最好的戲，但劇本有限，成績有限，唯一可以衝擊迪卡比奧的是後者，而迪先生一旦得獎必要多謝 3G 熊，咬到他重傷動彈不得，經常 overact 的萬梓良方法演技被縛手縛腳縛誇，益咗佢。他以此得獎是尷尬的，比他其他舊演出欠說服力。

最佳女配角。全晚最扯頭髮女子泥漿摔角，有競爭有表現對有實力，有殘忍味至會肉緊。Rooney Mara《卡露的情人》、Alicia Vikander《丹麥女孩》、Kate Winslet《時代教主：喬布斯》三分天下。每個都實至名歸有戲可演，Mara 表面是被獵食者瞄中的 yummy 純情少女，其實被動地主動生擒風情自信追女老饕，killing you softly 也是 kill；Vikander 演大愛老公連他要變成女人都成全的勇敢女人，又掙扎又心碎又豁達，隔着銀幕都 feel 到她扭毛巾的內傷陣痛；然而我的心水是肥 Kate，作為喬布斯的貼身總管，是阿媽是保姆是教練又是人家條嚫，明明是閒但必要時為護主愛主發功做莊，好一個深情厚愛重義的平凡女人，Kate 忘了自己只餘角色，終點前壓線的胸特別挺，我希望贏半分。

最佳女主角。Cate Blanchett 一副「老娘是來拿獎」的格用力去演，老娘就燒鬚了。J. Law 和 S. Ronan 是提名級不是獲獎級，最後勝利應是《抖室》的 Larson。一個困難的角色一個年輕的演員，無辜被拐成現代性奴的小媽媽，與野種兒子互相救贖，劫中破碎堅毅容易，劫後生還陰影餘生反而更吃人，被囚求生是野人用本能，被救後要康復是凡人反而欠決心，她不是演得特好，其他單位各有不足矣。本來《45 years》的 Charlotte Rampling 有力一搏，最後一場結婚 45 週年宴她眼裏的茫然，茫到失去地心吸力，婚姻的脆弱，雖 45 年原來可以不算，你可以點？但姑奶奶把口唔收嫌奧斯卡今年太大白人主義，易被懲罰。

最佳導演。又悶。都自動當選局。《復仇勇者》的 Alejandro G. Iñárritu 今年冧莊當是話題，他選擇用最真最難的方法，取嚴寒實景拍攝，棄一味崇拜電腦特技，單是自虐虐人的瘋狂已值得尊敬，捨易取難為部戲，荷里活最愛這種 behind-the-scene 的精神；其他單位，well, ok 啦。

最佳影片。哼。我就是輸也不給《復仇勇者》一票。電影本身真悶蛋，報仇報仇報仇，中途落街吃碗雲吞麵回來再看來都沒損失，反省經濟掠奪、文明對大自然及土著的剝削殘害並不深刻，一味冰天雪地用畫面迫你知拍攝之難，但成果不是幕後努力更要看幕前成績。我選《焦點追擊》勝。在新聞專業受盈力能力、娛樂化、網聞三路夾擊蠶食的今天，有良心有魄力有風骨不畏逆風逆民意的大不韙，替社會、市民及公義偵查出真相，力拼制度及宗教的暴力傲慢和囂張，這對第四權的肯定和其社會價值的表彰，在現代更見難得，暗中又呼應當年《All The President's Men》的戳破精神。多大的老虎，是錯就要倒下，新聞大衛戰勝宗教極權歌利亞，最佳影片，是關於核心價值。

Side bet 最佳原著劇本也是《焦點追擊》，最佳改篇劇本《沽注一擲》，最佳外語片《Son of Saul》，另《復仇勇者》囊括一抽技術獎成大贏家。

09 2017 政治瘟疫年

✳

如無意外，今年奧斯卡應該有很多 Donald Trump。到底是一個罕見的政治瘟疫時代。

第一次當奧斯卡司儀的 Jimmy Kimmel 當時得令，其清談節目由總統選舉至總統出爐，不遺餘力冷嘲戇諷，屢創言之有物絕核賤作，突出特朗普及其支持者之醜拙歪邪，今次國際級舞台更大，怎可輕易放過？

為了不浪得「奧斯卡神婆」之虛名，繼續多謝邁克和各鄉親父老姑孀的錯愛，今年本婆決定繼續問米，不惜冒倒掉過往九年托賴預言準繩的米之險，再測奧斯卡賽果，未必百發百中，敢說至少比一眾吹水抽水、舔 like 賣膠之盲毛燈神靠譜。那些亂說奧斯卡的，敢問你睇過幾多套候選的戲才出來指指點點？

最佳女配角。非常亮麗動人的一張名單，每個提名都貨真價實足 999 金，說服力可封住任何最葡萄的酸嘴，問題是當中有沒有特具說服力的一個。《情繫海邊之城》及《漫漫回家路》的 Michelle Williams 及 Nicole Kidman，都在有限戲份中成功揪心斷腸，以自己的破碎按摩着看官的情緒，用綿裏針刺痛着生命滲血的磨難，雪雪聲之中我們同悲又同情，但戲份稍嫌太少。今次此項共三位黑人女演員入圍，Naomie Harris 演吸毒母親，毒中有愛但敵不過生活迫人人性軟弱，如果沒有 Viola Davis，贏面偏高。Octavia Spencer 的角色最討好亦典型，如果沒有 Viola Davis，也有機會，但在《Fences》中戲路縱橫的 Davis，戲份和表現有壓倒性優勢，女性可以喝下去的組塵滄桑，她調了一杯混和血涕淚痛的 cocktail 優雅的乾了，舞台劇演同一角色已榮獲 Tony award，是我的首選。

最佳男配角。其中三個，提名已是足夠的肯定，似乎未值得與小金人發生關係，餘下的是 Mahershala Ali 和 Jeff Bridges，二人在影片中有耀眼過人的演出，但後者有點老戲骨的手到拿來，演技未受考驗，而且影帝又拿過，用不着給他太多裝飾。

反觀《月亮喜歡藍》的 Mahershala Ali，混身是沉實的掙扎，混身是瑕疵的毒販沒有審判別人，但在可以的時候拯救稚子。或許他的戲份也不算多，但他為男主角建立的 role model 形象貫穿全片每個角落，不在仍在。拿獎的話，他那在 SAG 得獎時誠懇不亢說的 "I am Muslim"，是對歧視病毒合理化最應棍的全壘打，直毆特朗普的大嘴巴。

最佳女主角。Natalie Portman 入圍，《槍狂帝國》的 Jessica Chastain 不入，簡直是大錯特錯，怕且是積琪蓮甘迺迪不滅之魂餘威使然。此項梅姨是伴碟，牌面是黑馬 Isabelle Huppert 與 Emma Stone 鬥誰笑到最後。Huppert 參賽習作如《Elle》這種少少犯罪多多變態靜靜復仇的人性扭曲電影，不太合奧斯卡 palate，雨蓓奶奶演出精密如常卻未見舉手投足有奪獎的震盪。是有 vibe 的，Emma Stone，我曾多麼的看她不順眼都好，她在活地阿倫的《Magic in the Moonlight》中有多去錯地方都好，石頭小姐在《星光夢裡人》中實在是脫胎換骨，試鏡那場戲尤其技驚四座，如果演戲可以服禁藥催谷功力，絕對有理由拿她去驗尿，是紫色的我都信。一個平凡冇自信的女子如何想當一個 aspiring actress，她用一切真實的細緻，演活了努力、懷疑、際遇和代價的總和。

最佳男主角。這個好糾結。其他的陪跑都沒有賠率，絕對是《情繫海邊之城》的 Casey Affleck 決戰《Fences》的 Denzel Washington。糾結，因為 Affleck 交出了從影以來最出色的功課，一個痛到最深、自責到最盡的人已不知如何用軀殼生活，無法用正常七情六欲與人相處的空心人，消化不了生命最無常的失去、罪疚和痛悲。一個活不下去的人活在世上是痛到不知如何痛的事，他用蝕骨的 19 層地獄酷苦告訴你，不發一言。然而斷斤秤，丹素華盛頓的剛愎自憐憤世丈夫和父親，是更多肌理和層次的，他與膚色角力、階層角力、不公義角力。他和命運摔角，是時代和命運的受害者，不高尚但硬淨，自私不可恨卻可悲，這矛盾插滿全身的人，是我最後看高一線的影帝。（男女主配角中三獎由黑人奪得，make history，但奧斯卡自己都未必頂得順，所以 Affleck 又有暗中的贏面。糾結。）

最佳導演：《星光夢裡人》的 Damien Chazelle。我這樣寫過：「以純身體語言、編舞、鏡頭調度、構圖及顏色美學，配合精美的音樂，固執地以純電影語言去感染你、征服你，固執地不與過盛的特技數碼視覺華麗浮誇同流合污，卻傳統但新鮮地傳承歌舞片 genre 的優尚。」Emma Stone 在他手上飛上枝頭，每一鏡都是電影萬歲的慶祝和執著。

最佳影片:《星光夢裡人》，它把歌舞從老好年代五十年代的美麗流金推上另一個新里程。Gosling 與 Stone，渾身是 Fred Astaire、Gene Kelly、Debbie Reynolds 和 Ginger Rogers 的 DNA 和影子，歷史的美好它沒有忘記，歌舞的封塵它推陳出新。於我，是自動當然的選擇，是最沒保留給電影的情書，全中奧斯卡 palate。

Side bet《最佳動畫》是《Zootopia》，最佳原著劇本由《情繫海邊之城》獲得。前者反典型化，相信唯才是道，且娛樂性豐富可喜；後者，把人的痛，用「內傷奏鳴曲」來演繹，沒有一毫子呼天搶地卻痛不欲生。

這些電影，別道因為政治才獲獎，那是侮辱、貶低和抹殺了演員和影片的成就。電影，不是誰當了總統第二天便拍成的，早在 Trump 當選之前它們已在，就算希拉莉當了總統，要拿獎的今年都當獲獎。剛好衝着新總統而來？冥冥之中的湊巧，天意要誅一誅當誅的人。

10 2018 十年來最任性預測

✳

米，一撮，神婆，一枚，奧斯卡，一年一度，問米正式開壇！

首先請大家先留意一件事，奧斯卡賽前花邊，有指華倫比堤與菲丹拿慧兩大金裝元老，今年將再接再厲，負責頒發最佳影片大獎。就算沒有積極攝取奧米加 3 增強記憶，去年奧斯卡那史上最戲劇的蝦碌頒錯 best picture 獎，任何腦力正常的人必記憶猶新。今年，大會「食過翻尋味」，找來同一對頒獎舊人，給予更新機會，再來一次撥亂反正。

話題、戲劇、幽默、諷刺，少少濫情點點計算何妨老土，完全奧斯卡的套路、奧斯卡的口味。賽果開彩情況，相信亦庶幾近矣。奧斯卡神婆我開壇逾十周年，今屆推算結果是最精神爽利的，簡單說，每一項目，差不多毫無糾結掙扎全免，唔使咬唇十五十六，基本上手掌有肉手背就冇肉，於我，實至名歸單位每項得一個，形勢頗明顯。不過，今年如此每項都任性地一意孤行的挑選，即是一係全中，一係全炒，因為今年預測最不顧全大局。

都係嗰句，風水佬風水婆呃你十年八年，奧斯卡神婆十年來幸無愧神燈，先來兩獎熱身。

最佳原著劇本及最佳改篇劇本。前者，冇得傾，一定是《Get Out》（訪・嚇），原創性強，驚慄藝高，表面喜劇愛情其實黑色中毒，還言之有物直插種族議題，驚險奇詭處幾有神劇《黑鏡》況味，冇得輸。

最佳改篇劇本：《以你的名字呼喚我》。少男成長銷魂蝕骨 summer romance，原著小鮮肉不停對熟男哥哥欲望投射，明愛暗戀由音樂至腳指都用來調情罵俏。James Ivory 伯伯以 hehe 過來人近百年之身，八十有九把小鮮肉一顆粉紅驛動春心，寫得花開春暖悸動刺痛，一份有今生冇來世的「孽子」唯美純愛迷人，親情又不遜愛情感人摰深，横睇掂睇都是赢家。

再講老先生履歷顯卓，奧斯卡向來熱愛起立拍手位，仲唔搵個靚機會致你敬。

最佳動畫：《Coco》，差不多冇對手自動當選，同小朋友講「死的教育」，教你念親敬死人不忌諱不俗套。死喎，小朋友喎，抵贏。

最佳男配角：《廣告牌殺人事件》Sam Rockwell。贏獎最重要是什麼，演技之外，食糊靠角色情節寫得好，演員才有戲可演去校炮射波，片中他演的差佬 Dixon 全場都可以射呀射射他吧，「衰但唔壞的死差佬」之典型，不是探員阿 sir，是差佬，由爛仔格到自己燒爛面，光天化日明打市民到為公義偵查到底，Rockwell 演活了爛中有善，廢中有智的衰唔晒赤裸血肉人情，人無完人，最緊要衰唔晒。

最佳女配角：《冰之驕女》的 Allison Janney。這個惡老母，搶眼惹味，角色，是有獎味的，片中惡老母，不是母親媽咪，是老母，惡形惡相臭味幾里外都喊打，Janney 演來入型出位，另類星媽刻薄毒舌見佢後面想椿佢幾件，成就阿女主角的缺憾和非凡，女助攻王之名可以收樓。同場唯《Lady Bird》的

Metcalf 可匹敵，Metcalf 是阿媽非老母，《大時代》慳妹死掉投胎做了片中的慳姑，與撈亂骨頭反叛女兒愛仇中日片夜劈有時充滿愛，但惡老母是梅超風形，九陰白骨爪嘓隻，搶鏡惹味悲哀；寫實慳媽細膩平實至少輸陣。

最佳男主角：《黑暗對峙》的 Gary Oldman，個人認為，無懸念。今年同項對手，個個都有演技，但請注意，比賽這回事，自選動作指定動作做齊之外要計：「難度系數」，以評核技術成分之高低，以奧斯卡的評分制，真人真事、歷史人物、易容扮老激瘦裝肥變性，難度系數最高，加上《黑暗對峙》Oldman 完全一人孖飛個人表演：剛愎傲慢蒼老脆弱萬花筒般在邱吉爾身上轉一下變一臉，厲害。(Timothee Chalamet ？少年你還嫩矣)

最佳女主角：《廣告牌殺人事件》Frances McDormand。有對手嗎今年？冇乜。一個絕望中反撲的兇猛弱勢，喪女之母為被姦殺的女兒求公義，標誌 #metoo 的一年，標誌美國價值崩盤的一年，幾個廣告牌除了問兇手何在，更高舉荒謬與內傷，以最原始的真實，美國小鄉鎮樸拙無華的痛與怒，救贖與寬恕，看冥冥中的天理和無憑。McDormand 將一切壓在心口，同你死過。其他對手尤其梅姨當然演得好，但揀得獎者是要分開 good 和 great。

最佳導演：《忘形水》Guillermo Del Toro。電影工業必須讚揚蔗渣價錢拍出燒鴨味道的誠意和功力。他以不太多的製作費，實在傳統製作法，不花鉅款做特技，拍出太多導演倚賴電腦軟件堆砌的怪獸、水底場面，是以有必要獎他作出初心歸正的示範，表達一下唔好一味錢多、特技才可拍出好戲。

最佳影片：《廣告牌殺人事件》。個人心水，論意念、劇本、情節、剖開人性、角色描寫，金句之多，抽心場面之痛，無出其奇。最被過譽的《忘形水》，是製作佳、故事平平，如果勝出，冇天理。此乃本年最有可能爆冷之項，冷一點的《戰雲密報》才是真正黑馬。

另外如果最佳攝影是《Mudbound》的 Rachel Morrison 摘下，將會是奧斯卡史上第一位女攝影師得獎，也是時候了。

11 2019 多事之秋

✳

如果每年的奧斯卡都要有一個主題，今年的應該是：蟲。

主要用來捉。由頒獎禮前的倒霉、失格、到最佳影片的煩攤子，今屆都共冶一爐甘香。

明早揭盅的第 91 屆奧斯卡金像獎，司儀是沒有的了。原定的 Kevin Hart，因多年前的恐同言論（包括他說超驚驚自己個仔會是基，要盡一切辦法阻止他；履歷上又多番拿「死基佬」來消遣，賤績斑斑。CNN 主播更發現他其實從沒正式道歉，奧斯卡曾給他最後通諜，一係道歉，一係拜拜，他說多年前歉已道，寧願唔玩。）

沒司儀，也沒啥大不了，30 年前第 61 屆奧斯卡其實試過，只要頒獎嘉賓夠爆，小事。豬隊友剛少一個，另一個又衝出來瘟，要把攝影、剪接、短片和化妝四個獎項，攞在廣告時段頒，免冗長，擺明歧視嫌棄，唔該晒。邁克已鴻文直指大會「暈精」，不贅。

個人覺得最惹蛇蟲鼠蟻的煩，必是 Netflix《Roma》的威脅。以「電視電影」兼外語片成最佳電影的可能性和衝擊。它省下戲院試煉，又拍得好到無話可說，點算！

還是先開始發功，讓本神婆預測一下今年各獎項運程。

最佳動畫：《Spider-Man: Into the Spider-Verse》（蜘蛛俠：跳入蜘蛛宇宙）。不惜工本，畫技突破，創意過癮。高峰期共用上 177 位動畫師，是其他動畫的兩倍。風格上不仿真實不卡通，創出集科幻現實加漫畫 feel 一身；又把多次元放進漫畫英雄世界，蜘蛛俠一雞幾味化成「一俠六味」，玩串 Inception 潛行幾個空間，視覺官能加創意新鮮冇得輸。當《復仇者聯盟》真人漫畫英雄電影出死力無限復仇已 N 次，人家用動畫一次超前所有想像。

最佳電影原創歌曲："Shallow""A Star Is Born"。唔好玩啦，一定是 Lady Gaga 啦。一間房內有100人，99人覺得她會贏，得一個不信，那是傻的。衝擊影后？下次先啦乖。她唱歌那刻，必收視大捷，條數好易計。

最佳男配角。配角不是MVP最有價值球員，是最佳最多助攻，沒這配菜，連主菜都失色。《大老作家》的 Richard E. Grant 演潦倒基作家雖好，賤中有淚，賤時邀擱，慘時欠抱，不及《綠薄旅友》的 Mahershala Ali 角色多發揮又討好。黑人不夠黑，太有教養才華太斯文上流勢利；男人不夠男，不喜歡女人，彈古典音樂，用自驕自矜拂走所有雙重歧視蛇神。Ali 抽到好籤，把有傷痕的自尊演得發亮。

最佳女配角。由《爭寵》雙妹肉搏《If Beale Street Could Talk》的 Regina King，但後宮兩個婆娘的女子泥漿摔角，到底穿古裝，又是英式，套路較含蓄，以奧斯卡喜歡演技重口味，把牙狠狠咬進角色，示範 powerful emotional acting 的 Regina King 我看高一線。

最佳男主角。多謝歧視，否則這項的最後直路，應有三大熱門，但由於《綠薄旅友》的 Viggo Mortensen 演得再好，都是北歐外省佬演意大利佬，荷里活意粉幫自動彈鐘，冇你份（如果是由後生廿年的羅拔迪尼路演，隨時贏影帝）。如今，腦筋傷少一條，還看是 Freddie Mercury（《Bohemian Rhapsody》）唱死 Dick Cheney（《Vice》），還是後者肥死 Queen 樂隊的 bad boy diva。很難講，奧斯卡癖愛名人真人真事，如今兩個都是，又都七情上面，沒有誰比誰更亂真。我的最後決定，是《波希米亞狂想曲》的 Rami Malek，他演到問米問咗 Freddie Mercury 上身，勁過神婆在下。每逢叮噹馬頭，奧斯卡傳統是「不正常人」有著數，癲佬、智障、殺人狂、偉人，全部看高一線，Freddie Mercury 是大哨牙同性戀愛滋歌手，唔尋常，Dick Cheney 是大奸弄權政棍，太常見，Rami Malek 勝。

最佳女主角：Glenn Close，Glenn Close，Glenn Close。個人認為這個沙圈，僅她一個人在跑，冇對手，而且可以贏三次。負隅力戰的 Olivia Colman，可悲可惡昏君女王角色，入肉三十分，及不上《仁妻》煲了 70 年功力的萬佛朝宗，且是綿裏的萬佛朝宗。《The Wife》，老婆的角色，時代關係，表面是最佳女配角，默默在老公身邊輔助付出，卻原來是最佳女主角，老公作家贏諾貝爾靠她代筆。你道她是受害者，她說我選擇做了導演，"I am a King Maker"，大隱隱於老公，求仁得仁若愚之妻。剝開她對老公的愛、憎、厭、憐、恨、冤，難盡是幾十年複雜的千言萬語。正視女性價值，她等待着 standing ovation。

最佳導演：Alfonso Cuarón，《Roma》。以戲論戲斷斤秤，《冷戰》的 Pawel Pawlikowski 與他咁高咁大，但除了戲名導演連名氣都比較冷，Alfonso Cuarón 可能要委屈於最佳影片，必得最佳導演。

最佳影片。慘了，這個獎項最弔詭，它不像其他獎都是單議席單票制，加上今年特多影業政治經濟暗湧，以往都有，今年多到瀉。以戲論戲，我的一票定投《Roma》，但電視電影加上外語，先例一開回頭太煩，似乎今年時辰未熟。我買冷，選《Green Book》冷手執熱金人，皆大歡喜又好戲。（最佳攝影於是一定由《Roma》奪得，能還公道的，都會給它。）

12 2020 可能是最少驚喜的奧斯卡

✳

2020 奧斯卡電影頒獎禮明早舉行，大家必然估中，在下今天定會一如過去十年，預測一下派彩果。冇錯！由於過去業績尚算準過所有術數佬風水婆，據說我的預言已可影響賭盤賠率。在此特別鳴謝邁克惠賜「奧斯卡神婆」花朵，並事不宜遲立即反眼問米。

由最無懸念，唔贏冇天理，輸咗要割凳的獎項說起。

最佳攝影：Roger Deakins《1917》。影片的「偽一鏡到尾」，是攝影大師 Deakins 的非凡功力及製作技術深度的示範表演。戰爭大場面，爆破、走位、光線的流暢無縫，屬於史詩式勝利，單是 “one-shot film” 的話題噱頭與汗水，有點炫技，卻叫同項提名者食塵，是神與凡人之爭。（我冇話佢技術上好難等於創作上有此需要，或令影片更好呀吓。）

最佳外語片：《上流寄生族》。一定係，冇得除非。貧窮懸殊社會課題，生存的卑微與卑鄙，寫到入骨嗜血，康城影展首部金棕櫚獎的韓國電影，宋康昊演得又正，輸咗會暴動。（同項的《Les Misérables》香港少人留意，是咪走寶之選。）

最佳服裝：《小婦人》的 Jacqueline Durran。一部改篇過無數次的文學名著，整個製作都不落俗套，編劇選角演出好之餘，服裝要俾叻。別的不說，Timothée Chalamet 演的貴公子 Laurie，帥美得叫人想撲上銀幕舔，大膽用紫色色系服裝造型，華美的小鮮肉更見「嗒嗒聲」。

最佳動畫：《Toy Story 4》（反斗奇兵 4）。拍到第 4 集，還有新元素，注入新時代角色性別新定位，笑料溫情劑量質量不減，而且，pixar 喎。

最佳男配角：Brad Pitt《從前，有個荷里活》。論演技，成堆對手全部好過佢，但今次畢佬執到支上上好籌，角色搶鏡，一段

bromance 兄弟情，兩隻 underdogs 之中他是 under-underdog，演得懶洋洋地暗 chok。曾經的荷里活金童子，演跟班小人物踢爆李小龍，戲謔反高潮到盡頭，有驚喜有魅力。再加上他在荷里活當製片的真心貢獻作累積獎金，今年夠鐘標會，拿下他第一個演技項的小金人，啱晒奧斯卡月餅會黃金會規。

最佳男主角：Joaquin Phoenix《小丑》。無話可說。一個被家庭被社會整壞咗、迫到 short 咗的人，在爛咗的城市呼吸困難，演出震撼得技驚四座。腐敗地華麗，浪漫地浮誇，身體語言已有情緒，寂靜無聲的空氣都會痛，罪惡瀰漫的城市中他只能憤世自憐，以殺吶喊止痛。作為一個 super tragic hero，他的超能力，是不幸。其他對手今年都不會傻到有幻想的了，明天鐵定收樓。

最佳女主角：Renée Zellweger《星夢女神：茱地嘉蘭》。對手，都比較弱，雖然她這電影的劇本勁弱，但 Zellweger 一人孭飛，用一身纖瘦的破碎，未老先佝僂，演活了一個童星災難，一個名氣難民的百年真身。壓軸唱出 Over the Rainbow 一幕，充滿說服力給曾懷疑過她演技的人掌嘴，大巴大巴，感染力要動用 impressive 去形容，從小被 abuse 的歌女，嫁 5 次用婚姻當抑鬱藥，寂寞過《夢伴》的梅艷芳。

最佳女配角，今年最煩的一項。Laura Dern《Marriage Story》大熱，但我唔想揀佢，她的演出是奧斯卡評判最愛的「飆高音」，勝出不成問題，Kathy Bates 值得拿但已經攞過，大黑馬是 Margot Robbie，我的一票會給她，但論資排輩，獎項應由 Laura Dern 捧回家。（更別小看 Netflix 的食白果絕地遊說動員力）

最佳導演，今年最難的一項。《1917》的 Sam Mendes 應該會贏，但我唔想俾佢。影片是攝影主導遠勝導演之功，不是不好卻是過譽。戰爭的不可理喻、瘋狂、殘忍，對任務的忠誠，都例湯例水沒有過人的深刻，姿勢大過實際，論導演之功，《上流寄生族》的奉俊昊更值得拿獎，與其 right and boring，我寧願 wrong and interesting，我揀奉俊昊。

最佳影片：《1917》。係就係 overrated，我形容為「戰爭公路電影」，其實故事單薄，角色老調，主角沒在旅程之後領悟或者重生。而那一鏡到底，假的，近的《屍殺片場》真過佢，遠的希治閣《Rope》更早實驗，不過當時一捲 35mm 菲林只能錄影約 10 分鐘，當然要剪接；但以長鏡頭見稱的 Béla Tarr，1982 年的《Macbeth》一鏡拍了 57 分鐘。《1917》會贏是給製作的大成功，拍攝前的不懈準備，獎勵電影製作的一片功成，且奧斯卡愛大獎頒給大課題：戰爭 / 反戰、比生命更大的忠誠、小我放道外，獎項是讓台前幕後的不遺餘力福有攸歸。

13 2021 史上最失常的奧斯卡

✳

四月奧斯卡，六月飛霜，不盡相同，都冤。疫足超過一年，封城、禁入影院、停止電影製作，太陽照常升起，每年的奧斯卡卻不再如儀，失常地由二月社交距離至如今四月底舉行。更失常是香港不再直播頒獎典禮。然而香港失常，又豈止一個奧斯卡。

超過 12 年了，在本欄預測奧斯卡，就算世界失常，如韓麗珠說，「維持正常生活才最重要」，「在我能力範圍內，我希望表裏如一地過活」，是神婆，便好好問米，查冊吓今年的賽果。

最佳動畫：《靈魂奇遇記》，上個月我已率先張揚。用 Soul jazz 講人生，用爵士樂講當下，「活着」的意義在於一刻盡情。追夢，但不止求追夢，找真諦，問夢和真諦有幾多種。過程，已是目的。一套動畫舉重若輕說禪趣，無常之中「行住坐臥是禪」，能執著能放懷，真自在。以畢加索立體簡約主義畫「神」，對照繁華紛雜的紐約街頭人間，視覺畫功都是盛宴；相信順手袋埋最佳配樂。

最佳男配角：Daniel Kaluuya《Judas and the Black Messiah》。可以超肯定，這項競爭頭崩額裂，波叔在《芝加哥七人案：驚世審判》搶鏡兼上身，幾場法庭戲可以鑲起來貼堂表揚，睇到嗒嗒聲；另外 Leslie Odom Jr 和 Paul Raci 也出色，但是提名級出色，不是攞獎級。Kaluuya 的角色太多表演空間，一個充滿色彩，激情、理想和愛恨不停放煙花的人物，單看劇本已經摘了半個獎，睇埋演出全個寫咗佢名。

最佳女配角：尹汝貞《農情家園》。這選擇有點糾結，我的首選是 Glenn Close，《Hillbilly Elegy》中脫胎換骨的造型，咬碎全棚牙的入骨演技，鄉下婆的粗獷與真性情，連走路的背影也有表情，斷千秤她稍勝。但尹汝貞「韓國版梅莉史翠普」的花朵不是浪得虛名，片中與小男孫鬥百厭，可愛自然討好，韓國人膚色大同下在美國尋找 Field of Dreams，她獲獎既令奧斯卡光譜擴闊，又高奏種族共融，延續去年 Oscar 及全球影視韓風。兼且姥姥不久前有限英語致謝 BAFTA 贈獎，感謝英國人咁“snobbish”都投我，人氣及率真指數急升。Glenn Close 還輸在參賽作品口碑麻麻，奧斯卡一向睇埋呢樣，碟牛肉炒芥蘭反應一般，條菜識飛都冇用。

最佳男主角：Chadwick Boseman《藍調天后》。此項是 Anthony Hopkins 和他之爭，論擔起頭家，老影帝鶴健士勝贏，全身功力鈐鈐查查一件不留盡地曬冷，老人失智的荒寒有枯葉飄過。《藍調天后》有 Viola Davis 幫補家計，但 Boseman 兩場重頭搶分戲，講童年慘案家族血仇，道出白人歧視肆姦肆殺，更背負黑人歷史創殤，屈辱與斷腸交加，他掏心掏肺由斯文仔變身六月飛霜血濺桃花扇，睇完你摸吓自己塊面鮮血未乾，腥腥哋。再講，一個已經拿過，一個早逝死咗，如果平手，投票定必追封，加持不可能再參賽那個。美國本土風頭火勢，Black Lives Matter、Black Prize 也 matter，男主配角都由黑人勝，預咗還。

最佳女主角。大鑊。極愛 Vanessa Kirby，《Pieces of a Woman》演得七情上面，但碟牛肉芥蘭唔夠其他主菜好味。《浪跡天地》的 McDormand、《超犀女王》Carey Mulligan、還有《藍調天后》的 Viola Davis，三個都捉住隻鹿，但未見到有一個脫出的角比其他兩人大。McDormand 值得拿但是否值得拿第三次影后我保留，Davis 非常好戲但今次角色起伏不大、層次深而不多，Mulligan 隻鹿最大，拿到的籌最靚，惜功力所限未能脫出最大的角。三人之爭，最後生死籌，合上眼揀 Davis。

最佳導演：趙婷《浪跡天地》。呼之欲出。素人演員在她手上，天然真摯，老薑高手在她手上，情味天地間越浸越濃，詩意地講孤獨，唯美地說放逐，把一本非小說拍成了 instant classic。同場之中，David Fincher 用力過度，其他都有所不及。難得趙婷還被小粉紅狙擊，被大國封殺，不是助攻是什麼？大好良機，讓史上第二位女性，第一個有色人種，在 too white 的奧斯卡摘下最佳導演，盡得天時地利。最佳改篇劇本喜上加喜實至名歸。

最佳影片：《浪跡天地》。在天下大亂世道莽蒼的今天，用最大的溫柔、豁達、誠實和勇氣，看穿建制和文明的虛偽、殘忍和失敗，拮大髀發省何謂美國精神，寫下獨立宣言最深刻的更新 3.0。什麼都可以崩壞，唯信天地的無私，陌生人的普渡，趙婷以非美國人，由前作《Rider》到更前的《Songs My Brothers Taught Me》都在反省最根本的美國 DNA，安身立命之追尋，比美國人尋根得更深更赤誠。當《農情家園》還在販賣舊版美國夢，她說：不了。本片才是最回應時代，最震撼美國核心價值。

最後 side bet，最佳原創劇本：《超犀女王》。《Killing Eve》編劇組成員你懂的，以典型女性 stereotype 顛覆女性典型，Femme fatale 是復仇者女王，一字記之日 me too 玩得出神入化。最佳視覺特技《天能》，故弄玄虛至走火入魔，唔係你想點。

14 2022 第一次不在蘋果發功

✳

看一看家中那缸米，原來神婆從事奧斯卡問米行業，一問 13 年。也記不起最初是怎麼抽起條筋，在星期日的《蘋果日報》專欄，大膽公開預測，那怕錯到反轉，敢說亦開了香港賽前預測奧斯卡先河。一年，見好唔收，詎料連年都業績不俗，不恥繼續，又連續十多年幸運兼專業地都非常準繩，贏了牙骹，也賺到兩分「威威」，連蔡東豪都禁不住驚奇於在下的命中率。

不過，在香港 quality 不是大眾追求，小李飛刀及不上神經刀嘩眾，在燈神才吃得開的社會，我還是返入柴房勤勤力力發功，詳列我今年各項得主的心水。

今年也由最易估中的開始。

最佳服裝設計：《Cruella》、《Cruella》、《Cruella》。一單位足取頭三甲。全片服裝是另一主角，得分、點題、水準，贏到開巷。這項是 No brainer。

最佳外語片：《Drive my Car》。之前寫了，有睇的都知影片有多勁，不贅。以今年的對手看，其他候選的都有點矮。本來《The Worst Person in the World》其實也好看，但有比較就有傷害。

最佳女配角：Ariana DeBose –《West Side Story》。應該方圓百尺，冇對手自動當選。演、唱、跳俱佳，它有角色要求的一切魅力與細微，單是擔綱唱演"America"一段歌舞，才華與功架射爆玻璃，已叫眾對手食塵。其他 Aunjanue Ellis《King Richard》、Jessie Buckley《The Lost Daughter》是提名級不是得獎級表現，Kirsten Dunst《The Power of the Dog》最接近可以一鬥，但沒有 DeBose 把牙都噬入了角色的能量。Judi Dench 老佛爺嘛，你有沒有看見她面前那盤生菜，或老外說的 a piece of cake？她在《Belfast》一角，食菜咁食，手指尾都唔使用力，有她戥腳，個 pool 好睇晒咁解。Debose，實至名歸，又有拉丁有色人種血統，兼令史匹堡大作不至空手而回，皆大歡喜到冇得輸。

最佳男配角：Troy Kotsur – CODA。有看我評《CODA》都知，他演聾爸爸非常出色，粗中有細，自卑、剛愎、憤世，有脆弱有溫柔，角色有起伏與領悟，情緒演繹便有對比。攞魚維生粗人一名，一臉漁夫之寶大鬍子，啞佬睇醫生，手語肆談自己下體的股癬，蛋蛋痕到 hihi，時似火燒春袋，靠個女翻譯不避尷尬，喜劇感爆燈。JK Simmons 早幾年憑《鼓動真我》高水準贏出，如今年在《Being the Ricardos》的表現都可拿獎，之前 set 個高 bar 算什麼？ Ciarán Hinds 在《Belfast》，老戲骨照例實淨好看，但未至於有獎味。但 Kotsur 隻手瓜，有《犬山記》的 Kodi Smit-McPhee 與他拗，旗鼓相當，乸乸地陰濕仔棉裏放毒戲味十足，他贏我也拍手。押注在 Kotsur 高一線因為 "first deaf actor to ever win an Academy Award" 又可創造奧斯卡歷史，Super！

最佳男主角。今年戰圈沙塵並無滾滾。阿哥 Javier Bardem 在《Being the Ricardos》自動導航式演出，好味，但冇飛揚神采，Next！Andrew Garfield《tick, tick...BOOM!》，火喉完全未夠，輸多幾次提煉吓先啦。Benedict Cumberbatch 在《犬山記》夠條件競逐不夠程度去勝出。很多人說他演得好，我嫌他不夠痛、「恐同深櫃」的麻甩 gay，以精神虐待女人及乸型，掩飾自己的基底，內心打的死結不夠七傷拳入骨。想像角色由 Christian Bale 來演的話，會賤絕更多，對己對人的殘忍鋒利更多。剩下演出非常好的 Denzel Washington《The Tragedy of Macbeth》對今年大熟大勇的 Will Smith。真人傳記式電影，素來較有利，馬克白對 King Richard，我買李察王不被謀朝篡位。

最佳女主角。有點 Tricky。沒有誰穩勝，各有各不足，各有各突出，頭有點痕。第一個篩走 Nicole Kidman，最弱。Olivia Colman 演拋夫棄女的女人，很入肉，但我希望她皮膚下的不安，幼細點、吊詭點，最好介乎 unapologetic 與 denial 之間，但 Colman 的不安卻是她 trademark 的神經質。看評審的口味了。Kristen Stewart，好用力啊，太刻意了。剩下 Penélope Cruz，最無可挑剔，惜未見 magic。似乎，贏面多個馬鼻，是 Jessica Chastain。又係真人真事，特技化妝加似模似樣，七情上面，尤其壓押演神棍神婆再現江湖一場高唱 praise the Lord，有 magic，雖影片本身比較 flat，我揀佢。

最佳導演。喂呀，Honestly and sincerely，Jane Campion《The Power of the Dog》。今年，阿姐作品係高一班，論故事改篇、演員整體表現、攝影、敍事、人性描劃，好難輸。

最佳電影。在我的 YouTube Channel 已經講了不少。本來《Drive my Car》都很有機會，但《犬》是關於性別、權力、social order，社會性比《Drive my Car》更強，課題更反思吃人禁忌，綿密地剖出人性的扭曲，比起對手主力個人沉溺，視野更大、更 Epic。人人說《CODA》後勁凌厲，揀錯，我都揀《犬山記》。況且，也是一次 Apple TV 與 Netflix 的較量，Netflix 盛世，我賣莊。

（第一次未能在蘋果發功，是有點悵然……至於何解我這些年來力保不負眾望？其中一個原因想必是：勤力。踏踏實實，誠誠懇懇，我睇勻咁多部戲才來分析、判斷，多年的功力，亦非一般記者、半桶水寫手，僅看部分作品，平日唔練功可有。每項都有多個候選作，別單看幾部就來預測、未看過就亂說誰沒機會誰會贏好不好？）

15 2023 很難選的一屆奧斯卡

＊

今年大鑊了，好難揀呀！可能是奧斯卡神婆招牌最大危機的一年，這第 95 屆奧斯卡頒獎禮實在矛盾太多。

唯一可以肯定的，是不會再有 Will Smith，不會再有掌摑。但最多人反對他出現、或想掌摑他的自命宇宙最強，相信趕不走。

為什麼說難？因為以往難取捨的旗鼓相當，是競爭單位之間的判斷，候選者的電影作品本身都相當不俗；但今年，有不少獎項候選人的作品本身，不算太好。矛盾在我比較不情願，要選出一個得獎者是套戲不夠好看的。

都要揀嘅⋯⋯ 本人問米事業創業至今 14 年，慣性由最易中的獎項開始。

最佳視覺效果：《阿凡達：水之道》。唔使解喇啩。

最佳原著劇本：EEAAO－《奇異女俠玩救宇宙》的雙 Daniels（Scheinert 與 Kwan）。論原創性，論 metaverse 的時代性、論作品最核心的家庭本位、移民掙扎修成正果大團圓，命中奧斯卡美國價值紅心，加上電影在美國的邪教式感染力和擋不住的人氣，雖然我嫌影片套路重複次數太多，還是冇得輸的。

最佳動畫：《吉拿域戴拖路之皮諾丘》。雖然我也很喜歡《Marcel the Shell with Shoes On》，但今次 Del Toro 版本的木偶奇偶記有幾大出眾優勢。首先他不把動畫視作「兒童科」類型，不像幾乎壟斷歷年 best animation 的迪士尼，他要打破這個偏見，視動畫為一種手法，題材內容對象都是廣闊的。於是片中木偶改成暗黑哥德版，思考法西斯意大利社會的極權與反抗，又以木偶獲得生命又經歷死亡，去拷問生、死、永生，課題宏大，寓意深長，奧斯卡最佳動畫如此，是突破，順手證明奧斯卡不一味合家歡娘丙。多年來迪士尼以電腦動畫橫行，今年轉轉新意，讓定格動畫（Stop-Motion）史上第二次拿獎，兼可顯奧斯卡多元，好公關來的。

最佳男配角，基本上是關繼威（EEAAO–《奇異女俠玩救宇宙》）和 Barry Keoghan（《伊尼舍林的女妖》）之爭。一個演傻佬，一個演傻仔，都是奧斯卡認為有戲可演一類角色。論佔戲之助攻力，不負“supporting”之名，關繼威已經帶先，再論氣勢之虹，EEAAO 獎風之盛，奧斯卡又那麼愛 come back story，關童星沉寂多年終標個小會，夢工場的夢最甜算這種。再加上「non-white要出頭」的政治順風，Keoghan 應該可以明年請早。最後答案：關繼威。（但他不會是第一位亞裔/華人男演員贏此獎，首摘的是 1985 年《戰火屠城》的柬埔寨演員吳漢。）

最佳女配角，有點煩。Angela Bassett《Black Panther: Wakanda Forever》、Kerry Condon《伊尼舍林的女妖》和 Jamie Lee Curtis《EEAAO》都有勝算。但《黑豹 2》，唔好睇，揀唔落手。Jamie Lee Curtis 絕對是台前幕後最靚助攻王，在電影中混身是戲，造型抵死，單是吃餅乾、掃餅乾碎，乞人憎到街尾見到都想伸兩腳，演稅務人員吸血之賤，用老薑功力煲出十成戲味，堅係正。Kerry Condon 作為女配戲份是比較多，角色也更重要，但 Jamie Lee Curtis 從影 46 年才首獲奧斯卡提名，如果一擊即中老來得子，何其童話啊，啱晒奧斯卡陣味；再加上是傳奇荷里活明星夫婦之女（Janet Leigh 個女喎），計埋血統又加分，uncles aunties 齊派利是，我唯有趨炎附勢揀佢贏。

最佳男主角，又係三件鼎立。《貓王》的 Austin Butler、《伊尼舍林的女妖》的哥連法路、與《鯨》的 Brendan Fraser 互毆。是三件不是三強，計表現，哥連法路高兩皮，問題是奧斯卡太愛人物傳記似模似樣扮演大賽的角色，Austin Butler 算神似未算演技高超。Brendan Fraser 好一點，但影片內心戲難度系數不高，影片也不太好看。勝在演員本身又係一個 come back story，爛泥回勇金不換，兼要穿上成噸重 Fatsuit 演戲，開正奧斯卡最冧嗰瓣。像他倆「脫胎換骨」變咗另一個人的 Transformation，很多時就會被視為「演技」。反而本身八字眉的哥連法路，演魯鈍戇佬不過把八字眉再八一些，好像不夠戲劇，其實他的角色最難演也演得最好。我買誰上台？是鯨魚轉身，說致謝詞時救贖金粉灑滿一地，多感人。

最佳導演：EEAAO－《奇異女俠玩救宇宙》的雙 Daniels。他們素來不按常理出牌，創新敢死，作品一定是美國的 Film of the Year，整件事由構思到完成，大熱大賣再大熱，令沉悶了的荷里活、疫情滯悶了的美國回春。香腸手、說話的石頭成為圖騰，世代鴻溝癒合為社會療傷，兩名導演獨立精神玩盡啲，其中一名是美籍華人，non-white 格仔又加剔。

最佳影片：同上。再加一個原因：雙 Daniels 曾寫過一封公開信給觀眾，說知道全世界都在搶奪大家的時間，為什麼人家要把寶貴的時間交給你？要對得起觀眾的時間，他們認為作品必須令大家腦袋爆炸，改變一生（“blow their minds and change their lives forever”），就算未必做到，都要嘗試這樣做。這種決心野心，令影片與眾不同，有種拍電影的使命感，多了一層意義。儘管很狂，但奧斯卡 buy 這種狂。

最佳女主角，今年焦點所在！由地上最強 Cate Blanchett《Tár》，硬撼氣勢最強楊紫瓊《EEAAO》。楊紫瓊盡得天時地利，看來也勝算更高。想像她得獎時，由打女，不讓男性獨領動作英雄風騷，再細數她取西經一樣來到荷里活，由邦女郎、藝妓、到李安的俠女、到昂山素姬、到《Crazy Rich Asians》，履歷生輝終眾望所歸，是感動的、值得的，她獲獎我會拍掌。但我寧願估錯，也要把注押在 Cate Blanchett 身上，因為《Tár》是演技上、角色駕馭上把楊紫瓊技術性擊倒的。楊紫瓊在其他頒獎禮上得獎、或一直的各種「衝獎」動作，老是打長者牌、non-white 牌有點情勒有點過火了，如能心悅誠服承認對手更精，風度會更美。個人認為年齡、履歷、種族、未必全不考慮，但要在叮噹馬頭難分高下時才加上去。如今 Cate 用登峰造極示範了罕見的演技高度，怎可因為她贏過、她是白人，就歧視她？可以矯正，何必過正，may the best woman win。

16 2024最後無糾結預測

✳

今年，輿論和票房上，是《奧本海默》《芭比》年，"barbenheimer"成為話題兼流行現象，動漫英雄佔領電影工業多年，終於有單位取而代之，也算打破悶局。票房肥到癡肥的《芭比》，唯獎項方面，連《奧本海默》尾燈都見不到，也是另一種實至名歸，說到底，Nolan手牌齊章又靚很多。

如果去年奧斯卡是"EEAAO年"，今年一定是「奧本海默年」。

照慣例，唔好失手勢，一如以往，就由最易估中的獎項開始。

最佳男配角：Robert Downey Jr.，冇可能輸。《奧本海默》中真係演得非常好，縮骨小氣弄權政客，那種自以為是full of himself 小人長戚戚格，老 seafood 的老謀陰算在皮膚滲出來，你直情想拉佢入暗角打鑊。Iron Man 的氣味褪盡無痕，政場老鬼散發一種低調的權力 ego，全片的演出仲要有層次，抵贏啦。奧斯卡更深愛浪子回頭自我救贖成正果命格，今次發達！童星出身，少年得志，他又墮落又吸毒又坐監，壞孩子如今洗心革面名利雙收，荷里活夢工場童話完美體現三呼萬歲。Ryan Gosling 做得再好，技術考驗不及，難度系數有距離，人家一上台就是一生跌宕 drama 陪襯，識佢伯爺的更加含淚開心投啦，完勝。（羅拔迪尼路在此項裝飾嚟啫）

最佳女配角：Da' Vine Joy Randolph《The Holdovers》，大熱到自動當選，其他對手 America Ferrera 係演得唔好嘅，Jodie Foster 角色無甚發揮，Emily Blunt 可勉強一戰，但 Randolph 的角色盛載了大部分美國黑人母親的破碎，她演來充滿了寂寞和疲累，更重要是電影本身好看。美國核心價值家庭本位，幾個沒人要的人，各有創傷及前塵，組成了 odd family 過聖誕，人間有情心腸好又溫馨，派個獎可以錫住這部好作品，啱數。

最佳歌曲，Billie Eilish 唱，《Barbie》的 " What was I made for" 唱，今年格林美獎威盡，年度唱片、年度歌曲獎雙囊括，最重要是歌曲點題又命中女性的脆弱悸動，又真的非常好聽，必必勝之選。

最佳改編劇本。此項有少少暗湧，皆因所有入圍作品，都算改篇得不錯，其中《Poor Things》、《The Zone of Interest》及《American Fiction》可三權鼎立互毆。《奧本海默》不是贏劇本，開局舖排有點冗贅長氣；三強之中，以劇本論，集玩嘢、創意、woke culture 時代反思於一身，讓有色人種「自己甦醒自己」，又諷刺白人對黑人的典型化視點反諷再自嘲，合乎國情，睇高一線我買：《American Fiction》。

最佳原著劇本。於我是兩強之爭，《The Holdovers》隻揪《Anatomy of a Fall》，後者，思考真相、剖開家庭夫妻戲劇、人性的軟弱、自私和掙扎，有非常銳利的洞察，同類課題未見過如此曖昧但入肉見血的呈現，知性形觀眾大愛，加上入圍最佳電影，相信衝線的是《墮下的對證》。

最佳外語片。英國、意大利、西班牙、日本、德國，燕瘦環肥部部好戲，命題不一，思考生命及人性卻各有深刻，英國代表《The Zone of Interest》，把重要殘忍的歷史傷痕，納粹德軍大屠殺的滅絕人性，用窗明几淨的不見血，凸顯空氣中心知肚明的血腥，畫面越美滿日常，一線之隔的地獄越慘絕人寰，你說荒謬？人性就是可以如此道德扭曲，自私平庸成魔而心安理得。痛思納粹歷史，前所未有如此風和日麗，滿目瘡痍卻在皮膚底蠢蠢欲動，不安是從內而外的。它是我的選擇。

最佳男主角。又是一對一隻揪局，Paul Giamatti（"The Holdovers"）老戲骨用畢生功力決戰強勢大熱 Cillian Murphy，後者在《奧本海默》演真人真事改編角色，科學書生氣質鮮活、篤定、內斂，演得七情上面。Cillian Murphy 我由《28 日後》已經看中他，他的沉鬱魅力及戲味，還有演技的銀幕迫力，獨特、懾人，與 Robert Downey Jr 在戲中高手過招，你心中會歡呼「我要多啲呀！」那種。這演員，你會想把它加入史冊。最後答案：Cillian Murphy。

最佳導演。擂台上是中量級拳手 Jonathan Glazeer，站在重量級拳手 Nolan 對面。話題性、票房、市場炒作能力，「老蘭」都煲自己的得獎潛力煲了多年，歷史、時代、科學、真人真事本質，還有現代戰事隱性陰霾，《奧本海默》斷斤稱是佔優的。陣容上粒粒大小巨星、款式又多又齊又靚，又 IMAX 護體，最重要是美國人歷史血脈切身近親，那終止世界大戰但爭議大過人類歷史的滅世科技，事隔多年，需要集體再正視審視。冷戰完結了嗎？荷里活需要大片，世界需要溫故知新，Nolan 駕馭整個課題之能，值得電影工業肯定的。簡單講，核彈面前，希特拉都要彈開，我選「老蘭」勝。

最佳影片：同上。最後三強，個人之選是《奧本海默》VS《The Zone of Interest》VS《Anatomy of a Fall》，但《墮下的對證》技術層面比較弱，尤其攝影；都說今年是奧本海默年，一切的優異，相信攝影、剪接、原創音樂隨時袋袋平安，連同上述勢要摘下的獎項成就，總和就令《奧本海默》成為最佳影片贏家了。

最佳女主角。這個很難，今年最難。誰都知。Emma Stone 執了支好籌，《Poor Things》劇本有創意、角色好發揮，表演幅度大她又處理得好，又要傻又要脫又要悟，是奪評審眼球的高分選擇。Carey Mulligan（Maestro）其實非常出色，可惜電影唔掂，她救全家都未夠打。Sandra Huller 今年是豐收年，《墮下的對證》那種若無其事，大沉醉於安居在集中營隔壁的「天堂」，享受滿手鮮血的榮華富貴，那種滿足、吃人血饅頭的安然自得，樂趣無窮，沒說出來的人渣味反差，要將她的「天真家常」貼堂！但誰拿獎都要問過 Lily Gladstone，她在《花月殺手》演得非常好，有情有腦有風情，角色前後一身家族及民族血淚悲情，影片也是美國白人對美國土著迫害歷史的懺悔及深切反省，儘管來得太遲。純粹以角色及表現計，另一位石頭小姐應該稍勝馬鼻，但加埋背負血海歷史，還要遙遙呼應當年馬龍白蘭度為了替美國土著發音，明明憑《教父》贏得影帝，卻不到場，公然杯葛不領獎不要獎，以行動抗議美國電影業的粗暴歧視和不公，係要電影政治化特立獨行風高亮節受盡批評。1973 年的奧斯卡經典一幕，歷史永恆一章，又豈止是超過 50 年的債，美國人、電影人對 native american 遲早要還等了那麼多年，今次是贖罪最佳和必須時機，天時地利，命運選中：Lily Gladstone。

（多謝所有長期支持的朋友，我於電影上的評論分析，至今仍努力追求精進及自強不息，我相信香港人如今可以做的，就是繼續在自己的崗位盡力自強不息，見批就咁。沒有讀者的堅實支持，單是香港魔幻現實擲過來的灰心，已夠我未必能守到今天。祝好人平安！）

書名　《電影萬歲》A 碟

作者　畢明

編輯　呂嘉俊

書籍設計　李嘉敏 @comes n goes

相片提供　安樂影片有限公司

SRAB FILMS / FIRST DISTRIBUTORS (HK) LTD.

環球影業

華納兄弟

《尚未完場》導演徐岱靈、祁凱達

出版　字字研究所有限公司

網址　www.wordbywordcollective.com

電郵　wordbywordltd@gmail.com

承印　新世紀印刷實業有限公司

香港發行　一代匯集

台灣發行　紅螞蟻圖書有限公司

定價　港幣 $148 / 新台幣 $650

國際書號　978-988-70781-1-1

出版日期　2025 年 2 月

word by word collective

工作室贊助

ISBN 978-988-70781-1-1